es 1944
edition suhrkamp
Neue Folge Band 944

W0033626

»Was ist los, warum lachen Sie? Das Thema hat Sie scharf gemacht, ich seh's Ihnen an. Womit bewiesen wäre, daß auch Worte scharf machen, wenn das nicht überhaupt nur Worte vermögen; Schoß und Schenkel, hatten wir ja vorhin schon, aber denken Sie an eben, das Wörtchen Sex – drei alberne Buchstaben und doch: eine Welt; flüstern Sie's mal, Sie werden sich umschauen. Want some sex? sagte neulich jemand in Soho zu mir, ich wär fast gestorben, so ist das mit Worten, nicht nur mit diesem, mit anderen genauso, Creme oder Clip, was Sie wollen. Es gibt keine harmlosen Worte« – sagt der Ansager einer Stripteasenummer in einem Monolog, dessen Vortrag Bodo Kirchoffs Frankfurter Poetikvorlesungen zum Thema *Legenden um den eigenen Körper* beschloß.

Bodo Kirchhoff
Legenden um den eigenen Körper

Frankfurter Vorlesungen

Suhrkamp

M. P. zugedacht

edition suhrkamp 1944
Neue Folge Band 944
Erste Auflage 1995
© Suhrkamp Verlag Frankfurt am Main 1995
Erstausgabe
Alle Rechte vorbehalten, insbesondere das der Übersetzung,
des öffentlichen Vortrags
sowie der Übertragung durch Rundfunk und Fernsehen,
auch einzelner Teile
Satz: Leingärtner, Nabburg
Druck: Nomos Verlagsgesellschaft, Baden-Baden
Umschlagentwurf: Willy Fleckhaus
Printed in Germany

1 2 3 4 5 6 – ∞ 99 98 97 96 95

Inhalt

»Es gibt keine harmlosen Worte«

I

Das Kind und die Buchstaben

Guten Abend, meine Damen und Herren – fangen wir ganz einfach an, mit einem Satz aus der Rubrik ›Vermischtes‹: »In den letzten Jahrzehnten ist das Interesse an Hungerkünstlern sehr zurückgegangen.«

Es fällt mir nicht schwer zu erklären, warum gerade solch eine Zeile, erschütternd lapidar, dieser Poetik-Vorlesung vorangestellt ist. Der Sog, den eben jener Satz, Beginn einer Erzählung, vor nun bald dreißig Jahren schon auf mich ausgeübt hat – mir stand damals, erstmalig, ein Weg offen, in der Welt herumzukommen: lesenderweise –, lag nämlich in dem Gefühl, auch an mir, der ich in mich vergraben war, sei in letzter Zeit das Interesse sehr zurückgegangen; und plötzlich sah sich der Leseanfänger eingeladen zu einer Erzählfahrt, in deren Verlauf, so durfte er hoffen, man doch manches erführe über die Ursachen eines derart zurückgehenden Interesses an einem selbst.

Später bin ich dann noch viel herumgekommen, lesenderweise, kehrte aber stets ins Land des Hungerkünstlers zurück; es hat mich bewegt, dieses Land, wie jene schroffen Gegenden, in die hineingeboren zu sein man sich so gern wie schaudernd vorstellt – »... an schönen Tagen«, heißt es dort, »wurde der Käfig ins Freie getragen, und nun waren es besonders die Kinder, denen der Hungerkünstler gezeigt wurde; während er für die Erwachsenen oft nur ein Spaß war, an dem sie der Mode halber teilnahmen, sahen die Kinder staunend, mit offenem Mund, der Sicherheit halber einander bei der Hand haltend, zu, wie er bleich, im schwarzen Trikot, mit mächtig vortretenden Rippen, sogar einen Sessel ver-

schmähend, auf hingestreutem Stroh saß ...« Dies kurze
Stück (aus der berühmten Erzählung, erschienen 1922)
veranschaulicht schon meine Thematik: Schreiben als
Legendenbildung um den eigenen Körper, gleichgültig
wie kraftvoll oder wie schmächtig, wie anziehend oder abstoßend dieser in den Augen anderer ist; der Schöpfer des
Hungerkünstlers hielt bekanntlich nie große Stücke auf
seinen Körper; an allem schien es ihm zu gebrechen, was
den Körper seines Erzeugers, aufstrebender Prager Kauf-
mann, auszeichnete. Verglichen mit ihm, war er buchstäblich ein Nobody, wie es im Englischen treffend heißt –
dann aber die Worte: ›mit mächtig vortretenden Rippen‹.

Auf einmal verwandelt sich, schreibend, der Körper
dessen, der seinen Mangel an Stattlichkeit selbst herbeigeführt hat, in einen anderen, machtvoll imaginären
Körper – den unumstößlichen der Literatur, in dem Fall:
jener Erzählung, über die später noch zu sprechen sein
wird; zunächst ein weiterer kurzer Text, doch erschienen
nicht 1922, sondern 1979 – »Ich habe es wieder zu mir
genommen. Es mit Hilfe eines Fotos, welches mich und
meine Mutter zeigt, aufgelesen, mit dem kleinen Finger
zusammengeschoben, es abgeleckt und verschluckt. Ich
habe mir über den Mund gewischt, bin aufgestanden und
begann zu posen, was ich jetzt immer noch mache. Ich
schaue mich an, diesen unglaublichen Körper mit seinen
sagenhaften Einzelheiten, und weiß inzwischen genau:
Jene Angst, die alles begleitet, stammt überhaupt nicht
von mir.«

Und auch in diesen Zeilen aus meinem Band ›Die Einsamkeit der Haut‹ das Bemühen doppelter Neuerschaf-
fung: eines unvergänglichen Körpers als Teil der Erzählung (so aussichtslos es sein mag, durch Schlucken des
eigenen Samens dessen Verlust auszugleichen), und jenes

imaginären, den der Gesamttext verkörpert: nämlich das zu Lesende, die Legende um den gegebenen, durch Torturen des Sports zwar zu verformenden, nie aber zu objektivierenden Körper; erinnern wir uns nur all der Versuche, uns einmal ganz von hinten zu sehen ...

In meiner Arbeit ging es von Anfang an, darum das zweite Zitat, um Körper und Schrift, um die Spannungen zwischen Soma und Sema, vermutlich, weil es auch in meinem Leben schon recht früh um diese beiden Pole ging – ›Das Kind und die Buchstaben‹, heißt daher das heutige Thema. Beim nächsten Mal steht die Wahrheit als eine hergestellte, ›Orthopädische Wahrheit‹ im Mittelpunkt, die Macht und Ohnmacht der Fiktion; in der dritten Vorlesung wird es um ›Schreiben und Narzißmus‹ gehen – etwas, das für sich spricht; oder gegen mich. Und am vierten Abend der Versuch, das Leitmotiv meiner Poetologie, ›Legenden um den eigenen Körper‹, mit unserer Zeit in Verbindung zu bringen – ›Dem Schmerz eine Welt geben‹, lautet das Thema. Die letzte Veranstaltung dürfen Sie sich dann als eine Art Theaterabend vorstellen; sie wird an einem anderen Ort stattfinden und einiges von dem, was vorher behauptet wurde, demonstrieren, zum Beispiel, daß jedes Wort im Grunde ein Abtasten des Körpers ist – Titel: ›Der Ansager einer Stripteasenummer gibt nicht auf‹.

Das Kind und die Buchstaben – wie ließe sich da besser beginnen, als daß ich die Geschichten heranziehe, die mir den eigenen Körper grundlegend interpretiert haben und mich, auf Umwegen, zur Literatur führten, zu jener Art des Schreibens also, bei der man dem Publikum eine bestimmte Sache, seine, vor Augen hält, indem man ihm eine ganz andere zeigt.

Erste Geschichte. Mein Vater – Jahrgang 17 und früh überrollt von den Zeiten – hatte nur ein Bein; er verlor das andere Bein im Krieg, und so lernte das Kind diesen allem vorausgehenden Mann, der weiß Gott mit beiden Beinen im Leben stand, als Einbeinigen kennen. Eine meiner frühesten Erinnerungen ist die, daß ich mit meinem Vater in Hamburg zum Prothesenbauer ging, wie dieser Besuch immer hieß – und was im Kind zunächst auch das Bild eines Bauern hervorrief, der auf dem Feld Arme und Beine anbaut; sprachlos durchstreifte es, während sein Vater diverse Beine probierte, ein verzweigtes Gewölbe, von dessen Decke Hunderte hölzerner Gliedmaßen hingen.

Etwa um diese Zeit, 1952, durfte das Kind zum ersten Mal mit den Eltern ins Kino; es sah die Geschichte vom hölzernen Jungen Pinocchio und glaubte, sich selbst zu erblicken; vor Aufregung machte es in die Hose, man mußte das Kino verlassen – ›Ich war's nicht‹, soll das Kind gesagt haben, die Eltern ließen das durchgehen, und schon gab es eine Markierung: Man konnte sich vom eigenen Körper zur Not distanzieren. Nach dieser Erfahrung begann das Kind zu zeichnen. Es zeichnete Schiffe im Querschnitt, die es Ozeanriesen nannte, und schuf sich damit provisorische Buchstaben, eine hieroglyphenartige Schrift, dem Schiffskörper entlehnt, schrägen Schornsteinen und p-förmigen Nebelhörnern, Anker und Bullaugen oder dem Kästchenmuster der Kabinen. Seine Tätigkeit war im Grunde mehr Schreiben als Zeichnen, ein Festschreiben jener Distanz zu allem Körperlichen, das ihm nicht geheuer war, seit es dessen Bestandteile von Gewölbedecken hatte herabhängen sehen – zwischen vier und fünf entwickelte das Kind ein Gefühl, das es erst zwanzig Jahre später, mit Hilfe eines

anderen, Jacques Lacan, zu benennen vermochte, das
Gefühl eines Mangels an Sein – des Mangels, den Heidegger Schuld nennt, unsere Schuld, darin bestehend,
daß wir uns nicht selbst erschaffen haben; das Kind jedenfalls, durch künstliche Glieder früh schockiert und
früh ermuntert, sollte die Selbsterschaffung fortan versuchen.

Zweite Geschichte. Die junge, schöne Mutter des Kindes strebte danach, eine berühmte Schauspielerin zu
werden; sie war folglich mehr im Theater als zu Hause
oder zu Hause so gut wie im Theater, laut ihre Rolle ler-
nend, während im Nebenraum wieder ein Ozeanriese
Gestalt annahm; und so erfuhr das Kind schon bald, daß
Anwesenheit kein natürlicher, die Spitze einer Hierar-
chie bildender Zustand ist, sondern nur ein Sonderfall
der Abwesenheit: eine für das Kind geradezu machtvolle
Abwesenheit vorhandener Eltern.

Die Mutter, besessen von der Vorstellung, ihr No-
body-Sein zu beenden, spielte unentwegt Komödien,
immerhin auch am Deutschen Schauspielhaus, wo das
Kind, manchmal, während der Proben bei der Souffleuse
sitzen durfte, und der Vater, besessen von dem Wunsch,
etwas herzustellen, Fabrikant zu werden, stand unter
dem Druck, Geld für das Nötigste zu verdienen (erstaunlich dicht unter der Oberfläche war er Künstler, mit
Leidenschaft einem genauen Zeichen verpflichtet und
vom diffusen Theaterschein eher abgestoßen); er war
eigentlich in allem das Gegenteil der Mutter, ohne den
Krieg hätten beide nie zusammengefunden (eine neun-
zehnjährige Wienerin aus bürgerlich-nervösem Haus
pflegte, zwangsrekrutiert, einen schwerkriegsverletzten,
gutaussehenden Habenichts aus Hannover; daß man
sich verliebte, lag so auf der Hand wie die folgende Hei-

rat; und nicht mehr als ein Gerücht ließ dann das junge
Paar nach Hamburg gehen).

Die dritte Größe im Leben des Kindes war die Mutter
seiner Mutter, Das Ömchen, früher besessen von der Idee
einer großen Opernkarriere; sie war auch Opernsängerin,
an der Wiener Volksoper, bis die Standesregeln ihres
Bräutigams, eines Majors aus Detmold, den der Krieg
gleich verschlang, dieses Bühnenleben beendeten; übrig
blieb eine schöne Stimme und das Phantasma des Erfolgs.

Jedes Wochenende holte sie das Kind bei den Eltern ab
und ging mit ihm in die Grefflingerstraße. Dort sang sie
ihm aus der Butterfly vor, während in einem vermieteten
Hinterzimmer ein gewisser Dr. Branzger, den das Kind
nie zu Gesicht bekam und darum auch nie vergaß, halb
entzückt und halb empört vor sich hinbrummte. Wenn
sie dann genug gesungen hatte, bezahlte Das Ömchen
zwei Jungs dafür, daß sie mit dem Kind spielten, da das
Kind nicht wußte, wie beim Spielen im allgemeinen vor-
zugehen ist; häufig wechselnde Kindermädchen waren
nur angewiesen, es unter der Woche mit Papier und Bleistift zu versorgen, ihm die vorläufige Schrift zu ermög-
lichen. So zeichnete es in aller Stille bis zur Einschulung
Ozeanriesen, pochte nur darauf, daß sie stets auf seinen
Namen getauft wurden, und lernte auf diese Weise als ersten, ordentlichen Buchstaben das O kennen, welches in
diesem Namen gleich zweimal vorkam – als O, das eben
dem Bullaugen seiner Dampfer glich und jener Laut war,
bei dem das Kind mit dem Gefühl ›Ich-bin-es‹ auf-
schreckte; ein Buchstabe in Form eines leeren Verspre-
chens, gleichgeformt wie das Zeichen für Nichts – ein
Gebilde, dem es augenblicklich, begehrend, verfiel, wie
es einem ersten Freund verfallen wäre, wenn es diesen
Freund gegeben hätte.

Um so bedeutsamer waren die weiteren Menschen-
kontakte des Kindes, die sich unmittelbar aus seinem
Körper ergaben. Das Kind hatte ausgeprägte X-Beine
und mußte daher in die Gymnastik des Herrn Blomberg.
Also lernte es, bei der Bestandsaufnahme des Schadens
und dessen allmählicher, im Kreise anderer vollzogener
Einrenkung, als zweites den Buchstaben X, der dadurch
von Anfang an in Beziehung zu Gleichaltrigen stand, denen das Kind in der Gymnastik atemberaubend nahe
kam; das X stand so aber auch in Beziehung zu einer De-
formation, die das Eigentümlichste, ja Attraktivste des
eigenen Körpers zu sein schien. Und beides führte wohl
dazu, daß sich das Kind schon früh darauf verstand,
Klang und Form eines Buchstabens Gewicht beizumes-
sen: noch ehe es lesen und schreiben konnte, war ihm das
X jenes besondere, erregende Zeichen, ohne das zehn
Jahre später das Wort Sex lange nicht die Wucht gehabt
hätte, die es urplötzlich besaß.

Doch der eigene Körper brockte dem Kind noch mehr
ein. Die vom künstlerischen Ruhm träumende weibliche
Seite der Familie schickte das Kind in einen Gesichter-
Wettbewerb für eine Filmrolle. Und das etwas Maden-
hafte und zugleich leblos Starre des Kindes entsprach
derart genau dem Zeitgeschmack, daß der Sieg unver-
meidlich war. Also saß das Kind bald neben Max
Schmeling – Dreharbeiten zu dem Film ›Keine Angst
vor großen Tieren‹ – und mußte, spaßeshalber, etwas bo-
xen; die Made mit dem Baskenmützchen und dem star-
ren Blick, neben Schmeling sitzend – festgehalten am
3. 8. 52 auf einem Standfoto, das zur Ikone einer Kindheit
wurde –, gewann, drehbuchgemäß, gegen den Schwerge-
wichtsweltmeister, und der eigene und zugleich fremde
Körper dehnte sich, im Imaginären, wie ein Ballon – von

der Außenwelt vollkommen unbemerkt, wurde das Kind
mit viereinhalb größenwahnsinnig (und daß sich die
Dinge später doch etwas glätteten, lag sicher an der Geburt seiner Schwester, eines unübersehbaren Anderen).

Im Alter von fünf konnte das Kind dann schon jedes
Gruppenbild ruinieren. Ein Geburtstagsfoto, aufgenommen vor einem Tiroler Gasthof, zeigt es im Kreise
fröhlicher Bauernbuben, vom Ömchen zu dieser Feier
zusammengetrommelt, mit verkniffenem Mund und ge-
ballten Fäusten. Zwischen ihm und den anderen lag bereits ein leerer Raum, der bald noch größer werden
sollte: Der Vater plante, in den Schwarzwald zu ziehen,
er sah dort günstigere Bedingungen für seine inzwischen
aus dem Boden gestampfte Fabrikation medizinischer
Geräte, sah aber auch ganz allgemein dort das bessere
Klima zum Leben.

Der Umzug war Anlaß für ein erstes Auto, selbstverständlich ein Käfer, die Heckscheibe geteilt, und zu den
beiden Buchstaben O und X kamen, auf einer für das
Kind schier endlosen Reise von Hamburg nach Frei-
burg, zwei weitere, die ihm wie einer erschienen, hinzu,
VW. Dieses unterschätzte Emblem, Koitus zweier Buchstaben, signifikant wie das O und X, wurde, in Verbindung mit dem unverwechselbaren Rasselgesang des
Käfers, zu einem Doppelzeichen: des bisher größten
Bruchs im Leben des Kindes – alles Bekannte entfernte
sich, blieb für immer zurück, und das neue, Unbekannte
kam näher – sowie, späterhin, der Anwesenheit und
Abwesenheit der Eltern, die mit dem VW vorfuhren,
endlich da waren, oder um die Ecke bogen: mit jenem
etwas überdrehten, hysterischen Motorengeräusch verschwanden, das sich dem Kind einprägte wie eine
Stimme – eben dieser Rasselgesang, als sei da, im Inner-

Von der Außenwelt völlig unbemerkt, wurde das Kind
mit viereinhalb größenwahnsinnig.

sten des Antriebs, ein Schräubchen lose, genau das
Schräubchen, das auch bei ihm nicht fest genug schien.

Und so kam das Kind – in Hamburg protestantisch
getauft und 'n bü'schen auch so ss-prechend, wie man
dort eben so ss-pricht – 1955, unter dem Diktat von vier
Signifikanten, die es als Buchstaben schon lesen und
schreiben konnte, in eine alemannische Volksschule, ge-
legen in dem katholischen Flecken Kirchzarten, von dem
es, in seinem Größenwahn, glaubte, er stelle mit diesem
Namen ein natürliches Entgegenkommen an den eigenen Namen dar.

Kirchzarten, damals noch mit ungeteerten Straßen
und einem Mann, der freitags die Ortsnachrichten aus-
rief, war für das Kind keine andere Welt, sondern der erste, lebendige Kontakt überhaupt mit der Welt: ein Dorf,
dessen Jungs den Neuzugang aus Hamburg fragten:
›Wem g'körschsch du?‹, worauf das Kind, knapp und
kehlig, hätte antworten müssen: ›Ins Kircch-hoffs!‹
Doch statt dessen erzählte es gleich von sich und Max
Schmeling und bekam ebenso gleich eins auf die Fresse,
von einem gewissen Sumser, dem Sumser-Willy, der dem
Kind auf die Weise ein Stück Leben einbleute, ihm bei
der Gelegenheit obendrein den Ausdruck ›Heilandsack!‹
beibrachte (und das Alemannische ist, nebenbei gesagt,
noch immer der einzige Dialekt, in dem ich mich gebor-
gen fühle).

Dem Kind war nun endgültig eingeschrieben, daß
nicht nur der Körper, sondern auch die Sprache von
außen kam, daß es selber nichts war und folglich keine
Heimat besaß; das wahre Sein schien jedenfalls ganz woanders beheimatet, und da das Kind zu klein war, es in
der weiten Welt zu suchen, begann es dieses Suchen in
der nahen Welt eines Gartens, zu dem Haus gehörend,

das die Eltern gemietet hatten. Dort, in dem Garten, gab
es einen Schuppen, und in diesem Schuppen grub es ein
Loch, ein Loch, das durch die ganze Erde führen sollte –
denn auf der anderen Seite, dachte das Kind, käme es
noch einmal neu auf die Welt – »Und dann ist alles, wie
ich es will«, heißt es, zwanzig Jahre später, in einem ersten Theaterstück ›Das Kind oder die Vernichtung von
Neuseeland‹. Und natürlich mußte dieses höchstper-
sönliche Loch, als das Kind auf Grundwasser traf und,
schlammbesudelt, im Morast weitergrub, das Ganze
allmählich an ein offenes Grab erinnerte, aber auch die
Vereinigung mit Mutter Erde unübersehbar wurde,
schleunigst zugeschüttet werden, womit das erste Selbst-
erschaffungsvorhaben des Kindes schmerzlich gescheitert war. Zurück blieb freilich eine Mulde im Boden, mit
dem schützenden Schuppen darüber – idealer Schauplatz
für erste Erkundungen am lebenden Objekt.

Das Kind suchte den Kontakt zu einheimischen Klas-
senkameraden und gewann dabei sogar einen Freund,
Bertram, verlegte sich in seinem Schuppen auf Schama-
nen- und Doktorspiele und wurde zeitweilig von der
ganzen Nachbarschaft konsultiert. Mit kleinen, von der
Rinde befreiten feuchten Stöcken erforschte es das Zeichen O, das es in den Körperöffnungen wiederentdeckte,
noch vollkommen gleichgültig gegenüber dem Geschlecht
seiner Klientel. Es ließ die Nachbarskinder aber auch an
seiner Märklin-Eisenbahn teilhaben und wurde im Ge-
genzug aufgefordert, sich der einen oder anderen Bande
anzuschließen. So war das Kind endlich bei allem dabei
und doch nicht; es blieb ein Sonderling, dem die Sprache
weniger als Mittel zur Verständigung denn als Werkzeug, um etwas zu erfinden, nämlich sich selber, diente.
Umgeben von einem Zuviel an Sprache, der tagtäglichen

Kakophonie dreier ihm zugetaner Egozentriker – Vater, Mutter, Ömchen –, nahm das Kind aber auch Zuflucht zu einer eigenen Sprechweise: im alemannischen Dialekt erzählte es der kleinen Schwester – heute Neurochirurgin in Berlin – Geschichten, an welche diese fest glaubte.

In jener Zeit – das Kind war jetzt sieben oder acht, im Radio lief der Schlager ›Komm in das Traumboot der Liebe, fahre mit mir nach Hawaii‹ – entstanden dann auch zwei erste Texte, natürlich nicht erhalten, wie die Zeichnungen der Ozeanriesen, da Kindererzeugnisse damals noch dem allgemeinen Abfall zugerechnet wurden; es handelte sich um einen mehrseitigen Psalm, geschrieben, nachdem das Kind, der evangelischen Diaspora angehörend, heimlich die Eucharistie der Katholiken beobachtet hatte, einen Kult, dem es nun, schreibend, zu huldigen versuchte; der andere Text war profan, ein Krimi, Titel: ›Jagd um die Welt‹.

Meine Damen und Herren, das Drama der Details dieser Jahre – vier überwiegend guter, ja glücklicher Jahre, von denen das Kind später zehren mußte – ließe sich unendlich fortsetzen, für mich als Schriftsteller reizvoll, aber auch problematisch. Denn was dabei herauskäme, würde ja immer gemessen werden an dem, was bei der paradigmatischen Recherche dieser Art herauskam, und verstehen ließe es sich immer nur – oder fügen wir lieber hinzu: bis heute – mit den Werkzeugen der Psychoanalyse. Und das heißt, um diese Zwischenbemerkung abzuschließen: Die Bildungsgeschichte, die das Kind später durchlaufen sollte, kulminierte, unter anderem, darin, Proust und Freud zusammenzudenken.

Vier glückliche, besser gesagt, geglückte Jahre, ich wiederhole es – 1959 erfolgte die Vertreibung aus dem kindlichen Paradies, kam die unerwartete Wende im Fa-

milienroman, wenn nicht der Abbruch dieses Romans
nach der Hälfte. Die Eltern des Kindes ließen sich scheiden, im Grunde eine Kriegsfolge, vierzehn Jahre nach
der Kapitulation, das Kind erfuhr davon nichts, es erfuhr
nur den Schnitt – im Alter von zehn mußte es, ausgestat-
tet mit einem weißen Hemd, neutraler Bettwäsche und
einer Krawatte, ins Internat.

Eines stillen Sonntags wurde es dort abgesetzt, Gaienhofen am Bodensee, die melancholische Höri, Wahlhei-
mat des jungen Hesse. Kaum waren die Eltern in ihrem
Käfer – mit losem Schräubchen im innersten Antrieb –
um die Ecke gebogen, wurde das Kind Zeuge einer erbarmungslosen Schlägerei; Sieger: ein gewisser Exner
(mit X), sein Held und Folterer in den kommenden Jahren. Von einem Tag zum anderen, ja fast von einem Augenblick zum nächsten, fand sich das Kind in einer Umgebung wieder, die eine geheime Fortsetzung des Dritten
Reiches genannt werden darf, unter protestantischen Vor-
zeichen. An der Tagesordnung war die Prügelstrafe, bei
der alle Kinder des Stockwerks dem Sünder einen Schlag
auf das nackte Hinterteil geben mußten, oft floß schon
nach dem dritten Schlag Blut; daneben Gebete, die nichts
weiter waren als Appelle auf wechselnden Antreteplät-
zen, Vorbeter: ein päderastischer Religionserzieher und
Kantor, dem späteren Winnetou-Darsteller zum Ver-
wechseln ähnlich; über allem ein Direktor, den niemand
anzusprechen wagte, als sei er kein Mensch, und auf der
untersten Stufe eine Inauguration des Neuzugangs, die zu
erzählen wieder zum Thema Körper und Schreiben führt.
    Während einer Adventsfeier, kurz nach Eintritt des
Kindes in die Internatsanstalt, als sich die Schüler und
Schülerinnen (gottlob gab es auch Mädchen, diesen

Hoffnungsschimmer) mit Kaffee und Kuchen vollstopf-
ten, hielt jener Direktor eine Rede, die in dem Satz gip-
felte: ›Und die Adventszeit ist eine stille Zeit.‹ Er machte
dann eine Pause, dies zu unterstreichen, und in dieser
Pause machte das Kind, von anderen Kindern zum Lachen gereizt – was um jeden Preis unterdrückt werden
mußte –, ein dadurch fehlgeleitetes, durch das harte Ge-
stühl in seinem Stakkato noch multipliziertes, im ganzen
Saal zu hörendes katastrophales Geräusch, dessen Sub-
versivität – der Direktor verlor jeden christlichen Faden
– sich in aller Gedächtnis schrieb. Für das Kind der
komplette Weltuntergang, den es durch eine sofortige
Lüge – eine Lüge, die sich doch immerhin schon einmal
bewährt hatte –, ›Ich war's nicht‹, noch aufzufangen versuchte, wodurch sich die Strafe verschärfte; neben
zehntägiger Isolation zwei Aufsätze mit einer für ein
Kind bizarren Längenanforderung, fünfundzwanzig
Seiten zur Frage: ›Warum darf ich nicht lügen?‹, fünfundzwanzig Seiten zum Thema: ›Wie ich mich auf einer
Adventsfeier zu benehmen habe‹, also zwei frühe Tau-
send-Seiten-Romane, und damit fing es wohl, endgültig,
an: Schreiben infolge körperlichen Mangels, in dem Fall,
einer undichten Stelle. Die verlangte Textmenge war nur
durch Fiktion zu schaffen, das Kind erfand die Fälle anderer Kinder, die aus vergleichbaren Situationen als Sieger hervorgingen; es brachte seine Strafe hinter sich, was
blieb, war das Stigma, ein Stigma, das erst mit den Vor-
läufern des 68er-Geistes verschwand. Plötzlich gelang es,
das Revolutionäre dieses somatischen Protests – innerhalb einer Erzählung von Ideen, wie das auch hier im
Moment geschieht, also gebannt durch Theorie – zur
Sprache zu bringen.
    Das Kind hieß jedenfalls fortan ›Advent‹, aber trotz

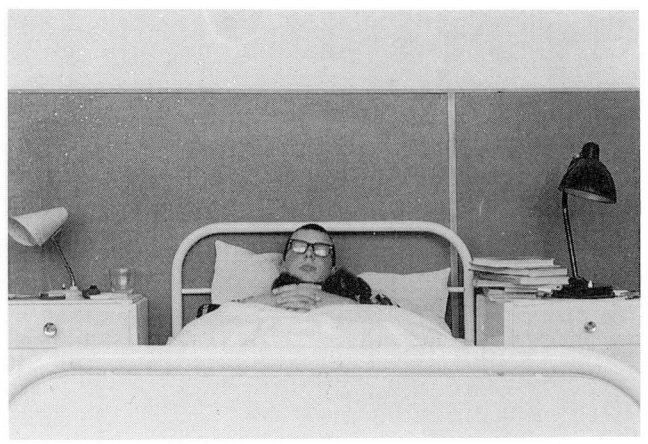

Fünfzehnjährig im protestantischen Internat, befallen von einer
mörderischen Pubertät, maximaler Leidenschaft verknüpft
mit einem Minimum an Befriedigung.

oder vielleicht gerade wegen dieser Schande wurde es – äußerlich schon lange nicht mehr madenartig, jetzt eher knabenhaft lieblich – von dem Winnetou-Kantor, der es auch gleich in seinen Chor eingliederte, mit ihm ›Carmina Burana‹ übte, auserwählt. Das heißt, es fühlte sich auserwählt, als es eine Nacht mit Winnetou verbringen durfte und zum ersten Mal ein übermächtiges, mit einer ganz eigenen Angst – der Angst, zu zerrinnen – und einer ganz eigenen Würde – der Würde Winnetous, der es trocken tupfte – verbundenes Vergnügen an sich erlebte. Erst drei Jahre später, auf einer Konzertreise durch Finnland, bei der das Kind nicht mehr sang, sondern, einer größeren Begabung folgend, mit einer Solonummer Menschen in die Kirchen und Säle lockte, indem es sie auf der Straße mit einem finnischen Satz überfiel, ›Saksalainen peukakouro kirkokonzerti, kelo üdüksanteuster, üksi ojelma sata marka, kitos nyt herran‹ – ein nie verifizierter Satz, den sich das Kind als Folge von Lauten merken sollte, weil er an das Wesen der Sprache rührte, ihren über alle Grammatik erhabenen, verführerischen Klang –, erst zu dieser Zeit erfuhr das Kind, durch Indiskretion, daß es wieder nur Teil eines Chores war, eines Chores von zwanzig Lustknaben, und reagierte damals ziemlich normal: es zog sich von Winnetou zurück, verletzt und enttäuscht, aber auch etwas angewidert von dessen Doppelleben – nachts, dionysisch, in fremden und eigenen Säften badend, am anderen Morgen apollinisch Carl Orff dirigierend; und mit der geweckten Sexualität plötzlich allein, begann das Kind wild zu schreiben und war damit auch schon keins mehr. Es war nun ein fünfzehnjähriger Junge, befallen von einer mörderischen Pubertät, maximaler Leidenschaft verknüpft mit einem Minimum an Befriedigung, der die Aufmerksamkeit der

Mädchen suchte. Und als Folge davon entstand schließlich auch, 1965, eine erste Erzählung, sie heißt ›Nur Segeln‹ und beginnt so:

»Er ist der einzige, den ich besser kenne als die anderen, ich bin allein, sobald er geht. Während er mit einem Mädchen spricht oder einfach neben ihr herläuft, lese ich – das Mädchen ist wesentlich für die Geschichte, um die es hier geht, denn er segelt mit ihr, sobald die Sonne scheint. (Ich kenne dieses Mädchen auch, durch mich ist er überhaupt mit ihr zusammengekommen, und ich muß auch erwähnen, daß ich sie liebe.) Eines Sonntags, und die Sonntage sind am Bodensee sehr still und sehr schrecklich, fragte er mich, mein Freund, ob ich mitkommen wollte zum Segeln. Ich war sofort dafür, ich wollte auf den See, vor allem weil wir hier, am Ufer des Sees, sechs Tage in der Woche mit beiden Händen in den Dreck fassen, so sehe ich es, und nun hatten wir den siebten Tag. Also um zwei Uhr wollten wir segeln, das stand fest, und ich traf meine Vorbereitungen, die keine Vorbereitungen waren auf das Segeln, sondern Vorbereitungen auf das Mädchen« – jetzt mache ich einen Sprung, die Segelpartie ist bereits im Gange – »Wir treiben ganz langsam, es geht kein Wind; und dann fallen ein paar Worte, sie fallen in den See, und der See, der sagt sie nicht weiter, das ist wichtig! Das Mädchen fragt dann, ob wir nicht baden wollen, und mein Freund und ich springen ins Wasser, in ein weiches, gutes Wasser, während das Mädchen im Boot bleibt. Sie treibt davon, und wir schwimmen ihr nach, und es ist schwer, das Boot einzuholen, wir schnaufen wie Gäule; das Ufer ist jetzt fern, das Mädchen lacht uns zu; ich vermute einmal, daß wir glücklich waren.«

Natürlich waren nur mein Freund, inzwischen in Berlin verschollen, und dieses Mädchen, heute bei München

lebend – vor ein paar Jahren entdeckte ich sie während
einer Lesung im Publikum und verhaspelte mich –,
natürlich waren nur diese beiden glücklich, ich war es
nicht. Ich schrieb.

Jener Freund, Michael, teilte meine Internatsjahre bis
zum Ende. Nach fünf grausamen Jahren, zum Teil im
Zimmer meines Folterers Exner, der mich, wenn er
schlechte Noten hatte, sein Haarwasser, Seborin, zu trinken zwang, der mich aber auch vor dem Concilium
abeundi bewahrte, indem er ein pornografisches Bild,
das in meinem Besitz war, vor der Inspektion in letzter
Sekunde an sich nahm und in der hohlen Hand ver-
brannte, nach diesen fünf grausamen Jahren – Winnetou
war inzwischen nach Südamerika ausgewichen, und man
hatte seinen Favoriten, alle Zudringlichkeiten Winnetous überbietend, exakte Darstellungen des Geschehens
abverlangt (was mich weiter daran gewöhnte, daß Sexualität und Sprache ein Paar bilden) –, nach all dem Düste-
ren also kamen fünf helle Jahre, begleitet von Schlagern,
die noch immer an mir rütteln, wenn ich sie höre, ›Marmor, Stein und Eisen bricht‹; ›Monday, Monday‹; ›Pretty
woman‹. Von dieser Musik getragen, machte ich mit
Michael die Schülerzeitung, nannte mich, den noch un-
angefochtenen Hamburger ›Spiegel‹ im Auge, Heraus-
geber und begann mit meinem Alter Ego-Freund um
die Wette zu schreiben, um die Wette zu lesen – Kafka,
Camus, Moravia; Frisch, Brecht, Johnson (eine regen-
bogenfarbene, preiswerte Edition kam damals auf den
Markt, ihr Name wurde für mich zum Synonym für
Literatur, mein Mekka hieß Frankfurt).

Erst in jener Zeit, ich war nun sechzehn und nannte
mich Nihilist, begriff ich ein Geheimnis, das bis dahin –
für mich – unseren Hausmeister umgab, dessen Name in

keiner Abitursrede fehlte; Herr Nietzsche, wie der Mann hieß, wurde auf die Erde geholt, während wir von dieser Erde abhoben – Michael und ich entdeckten Rosa Luxemburg und die Idee der Revolution, und ausgerechnet in diese Phase fiel auch das erste, von mir und nicht von einem anderen in die Wege geleitete sexuelle Erlebnis, eine einigermaßen gelassene Abkehr von Winnetou, ein Wandeln auf den Spuren jener beiden früh eingeprägten Buchstaben X und O.

Nach tragischem Bruch mit dem Segel-Mädchen hatte Michael eine neue Freundin, und diese hatte eine Schwester, und diese mochte mich. Die Eltern der zwei gestatteten zu Ostern eine Reise nach Rom, Bedingung: Wir alle müßten in einem kleinen Kloster schlafen, Via Fratelli Bandiera Duodieci. Um es kurz zu machen, die Gebetszeiten der Nonnen waren schnell ermittelt, noch schneller waren die Kammern gewechselt; auf nichts hatte uns das Internat besser vorbereitet. Aber warum erzähle ich das? Weil in dieser Nacht zum Karfreitag durch jenen Zufall, von dem Freud sagt, man müsse ihn würdig erachten, unser Schicksal zu bestimmen, bei der einen Schwester eine Schwangerschaft herbeigeführt wurde, bei der anderen nicht. An mir ging dieser Kelch vorüber, doch ich habe die entgegengesetzte Möglichkeit nie vergessen, und im vorigen Jahr ist daraus der Leitgedanke für einen Roman geworden – den Roman, der mich zur Zeit beschäftigt und noch lange beschäftigen wird. Der Protagonist, Ende vierzig, hat einen dreißigjährigen Sohn; dieser Sohn, als Kind von dem viel zu jungen Vater verlassen, interessiert sich plötzlich für dessen Leben und erzählt dieses Leben in einem Ton, zu dem ich ohne das Mittel des Sub-Erzählers nie fähig wäre – ein Vorgriff, meine Damen und Herren; ich war

bei den so einfachen wie schwierigen Anfängen der He-
terosexualität, zusammenzufassen vielleicht mit den an
Büchner angelehnten Worten: Ich floß so dahin.

Natürlich half es, dieses Fließen wenigstens auf der
buchstäblich körperlichen Ebene zu regulieren, das
Internat am See bot dazu, besonders im Sommer, viele
Gelegenheiten. Und vielleicht war es diese in ihrer Aus-
übung dann gar nicht so schwierige, grob gesagt, er-
wachsene Sexualität – die sogenannte reife, also nicht
mehr kindliche, gleichsam vernünftige Sexualität war
mir damals, leider, noch nicht als Mythos bewußt –, die
mir, dem Siebzehnjährigen, den Rücken stärkte und
mich ein Stück Jugend erleben ließ, ja wieder ein Stück
Heimat, von dem, rund zwanzig Jahre später, der Held
in meinem Roman ›Infanta‹, glaubt, er könne darüber
nur schweigen: »Schweigen«, wie es heißt, »über die
Schilffelder zwischen Gaienhofen und Horn an ersten
warmen Tagen. Schweigen über die Junistille, wenn der
See zu schweben schien, über Sonntagsnachmittage im
schwankenden Holzboot; über das Tasten und Streicheln und in Augen und Nabel Schauen und langsame
Abtreiben mit der Strömung. Schweigen über die aus
weißem Dunst aufsteigenden Oktobertage, wenn herab-
gefallenes Obst in der Herbstsonne schmorte, der See
allmählich kleiner wurde und das Jahr sich im süßen
Fäulnisduft neigte. Schweigen auch über das Uferlose
der Winterebbe und einen stelzigen Landungssteg, der
bloß an der Spitze im Flachwasser stand, jedem Lehrerblick entzogen, letzte Zuflucht für Dauerküsser und
Kettenraucher, für ihn und die Freunde.« – Dieses lange
Zeit unaussprechliche Glück hinter dem Unglück stärkte
mir letztlich den Rücken: immer öfter wagte ich nun die
Selbstvorhersage ›Schriftsteller‹, und das, obwohl meine

Winterebbe mit stelzigem Landungssteg; an der Spitze, jedem Lehrerblick entzogen, letzte Zuflucht für Dauerküsser und Kettenraucher, für ihn und die Freunde (siehe *Infanta*, Seite 398).

Deutschnote nie über das unbefriedigende Befriedigend
hinauskam.

Eine Prognose, die legitimiert werden mußte – ich
schrieb inzwischen kleine Stücke, die auf der Schul-
bühne aufgeführt wurden, sowie Poeme, die ich für mich
behielt. In diesen zurückgehaltenen Texten ging es,
natürlich, um das Lieben; eine Zeitlang rang ich noch mit
Bedenken gegen die neuen Genüsse, dann begann ich sie,
mit den Mitteln der Sprache, sogar zu steigern; wenn die
Christianisierung meiner Sexualität, eine Verminung des
Körpers oder dessen ›Kolonisation‹, wie Leiris es genannt hätte – damals gewiß das heimliche, nie formulierte Anliegen der Internatsväter –, gescheitert ist, wovon ich ausgehe, so ist sie es nicht in meiner heidnischen
Praxis im schwankenden Holzboot, sondern in jenem
frühen Schreiben – das mich, gleichsam hinter meinem
Rücken, auf das Jahr 68 vorbereitete.

In diesem Jahr machte ich in dem Bewußtsein Abitur,
nun die Welt umzukrempeln, und da mir das Militär als
ärgster Feind erschien und der bewaffnete Kampf als un-
umgänglich, glaubte ich, zweifach effektiv zu sein, wenn
ich Ausbilder würde, also einerseits Rekruten politi-
sierte und andererseits die Fähigkeit erwürbe, andere
später im Umgang mit Waffen auszubilden. Ich kam
dann zur Luftwaffe nach Mengen, auf die eisige Alb, und
mein Elan war nach kurzer Zeit gebrochen – die Rekruten wollten nur saufen, und bald wollte ich auch nur
noch saufen, wie gelähmt von der Stumpfheit des Exer-
zierens und der Sturheit schwäbischer Bordelle; ich war
nur noch unglücklich, ein Häufchen Elend, das am
Sonntagabend zum Tanz in den Saal vom Gasthof Sonne
zu Herbertingen ging, wo dreihundert Soldaten mit stei-

fem Glied und fünfzehn Mädchen mit steifen Frisuren
saßen, während die Kapelle ›Weine nicht kleine Eva‹
spielte; so unglücklich, daß ich nicht einmal mehr schreiben konnte. Ich begann, in der Kaserne zu malen, Bilder,
die selbst unter Soldaten als untragbar eingestuft wurden – der Spieß entfernte sie eigenhändig von der Stu-
benwand, fortan galt ich als rot *und* obszön, Lehrgänge
blieben mir erspart, ich verließ die Truppe als Oberge-
freiter – es gibt Prüfungen im Leben, durch die fällt man
besser durch.

Einundzwanzig war ich nun und fühlte mich am
Ende; und so tat ich, was viele schon getan haben, wenn
ihnen hier alles aussichtslos erschien: ich ging nach Amerika. Dort arbeitete ich monatelang als ambulanter Eis-
verkäufer und erfuhr, daß es ein Leben jenseits all dessen
gab, was für mich, bisher, die Welt war. Mal wurde ich
überfallen, mal verhaftet, mal wurde mein Eiswagen mit
Steinen beworfen; und immer wieder fragten mich Kinder in dem jüdischen Viertel, das auf meiner Route lag:
›Tell me – how many Jewish people did your father kill?‹
Es war die erste, scharfe Auseinandersetzung mit mir als
einem nicht nur privaten Menschen, und der Entschluß,
im weitesten Sinne Gesellschaftswissenschaften zu studieren, sicher inspiriert durch die Studentenbewegung,
bekam durch diese USA-Eindrücke auch einen sehr
praktischen Hintergrund.

Kaum zurückgekehrt, ging ich nach Mekka, also nach
Frankfurt, weil dort der Verlag war, aus dem die neue Literatur hervorging: in seiner Nähe zu sein schien mir ein
Stachel, der mich wieder zum Schreiben führen könnte;
Frankfurt aber auch, um dort Pädagogik zu studieren –
ein Fach, in dem man damals machen konnte, was man
wollte, und genau das war für mich Voraussetzung mei-

Lieblingsbild aus der Kasernenzeit, während der nächtlichen Wache entstanden, selbst unter Soldaten als »untragbar« eingestuft.

nes größeren Plans, Schriftsteller zu werden, wobei ich
keinerlei Vorstellungen hatte von den Büchern, die da,
notwendigerweise, zu schreiben wären, allenfalls von
dem Leben in Autonomie, das ich anstrebte.

Es war also der Plan zur Anpassung der Wirklichkeit
an meine Bedürfnisse, und am Anfang seiner Umsetzung
stand eine junge Frau. Am ersten Tag des Studiums traf
ich sie: eine wie der Renaissancewelt Entsprungene, mit
leicht verhangenem Blick – Mona Lisas Maske unerträglicher Gelassenheit; sie saß in einer Gruppe, für die es
keinerlei Konzept gab, Vorläufer späterer Selbsterfah-
rungsgruppen, und fast zwangsläufig fanden wir (wie
damals meine Eltern) in diesem seminaristischen Lazarett unerbittlich an sich selbst kränkelnder Erstsemester
Gefallen aneinander. Da sie schon einen Freund hatte,
wurde es eine jahrelange Beziehung zu dritt, idealer
Hintergrund für die Beschäftigung mit der Psychoanalyse, die ich teils in der Universität betrieb, teils in meinen vier Wänden, lesend, und immer noch malend – damals entstanden etwa hundert Bilder, allesamt vertikal,
mit einem schwebenden Ei im Himmel, offenbar hatte
ich die sexuelle Orientierung verloren; ich pendelte
jedenfalls zwischen einem Zimmerchen im Frankfurter
Ostend – neben einem alten Ungarn, Zoltan Fodor, der
für mein Schreiben noch eine große Rolle spielen sollte –,
und zwei Typen von Seminargruppen: solchen, in denen
man sich, unter Anleitung eines Graumelierten, der
meist schon ein Büchlein in jener sich langsam von der
Literatur entfernenden bunten Edition veröffentlicht
hatte, mit Worten zerfleischte, und solchen, in denen,
unter Leitung eines Bärtigen im Cordjackett, der auch
schon seinen Fuß in eben dem Verlag hatte, die Welt
durch eine sozialpsychoanalytischmaterialistischdialek-

Eins der hundert Bilder aus der Zeit des Moratoriums,
nach Verlust der sexuellen Orientierung.

tische Sozialisationstheorie endgültig aus den Angeln gehoben werden sollte.

Das eine, meine Damen und Herren, lief auf ein abschließendes Vokabular der Gefühle, das andere auf ein abschließendes Vokabular des Denkens und Handelns hinaus – theoretisch konnte einem nichts mehr passieren, und nicht zuletzt deshalb leitete ich dann am Ende dieser Jahre auch selbst eine einschlägige Veranstaltung, über den berühmten Kindermörder Jürgen Bartsch, Das Bartsch-Seminar – anfangs gut besucht, all die Freundinnen aus den Beziehungsschlachten saßen dort, manche nun schon, um 1977, mütterlich-phallisch, Sinnbilder der Ganzheit, wie sie im Buche standen, den ersten Frauenkalendern, bis ich, in diesem Seminar, ungewollt ins Literarische glitt, die Morde als blutige Schnittstellen zwischen Körper und Seele so im Detail besprach, daß am Schluß nur noch eine Frau übrig war, die richtige.

Mein Herumstudieren in den novembrigen siebziger Jahren, in denen sich Menschen, Wetter und Architektur in Deutschland endgültig gefunden zu haben schienen und die zu Ende gingen, als die weißen Socken aufkamen (was allen eine Warnung im Hinblick auf die achtziger Jahre hätte sein müssen), war ein einziges ungeordnetes Moratorium, eine wilde Bildungsgeschichte – die sich in einem Roman nur aufgreifen ließe, wenn dies eben aus Sicht jenes schon erwähnten Dreißigjährigen geschähe – Karl genannt –, mein heimlicher oder stiller Erzähler, in dem Roman bemüht, sich einem unbekannten, flüchtigen Vater zu nähern. Dieser Vater, Kristian, meinte, den Stein der Weisen in Händen zu halten, in Form von Raubdrucken, aus denen, ausnahmslos, die These hervorging, der Mensch komme als weißes Blatt zur Welt, bereit, seine Geschichte, die ihn gut oder böse werden läßt, zu empfangen; ein Glaube, dessen Wurzeln bekanntlich auf Rousseau zurückgehen – ein Glaube, der zur Metaphysik des jungen Kristian wurde, in den Augen seines Sohnes Karl jedoch nur ein alles entschuldigendes System darstellt, eine geistreiche und bequeme Religion – denn genau das scheint mir, rückblickend, mein Menschenverständnis in den Frankfurter siebziger Jahren gewesen zu sein. Die psychoanalytisch-materialistische Sozialisationstheorie ließ nichts zu wünschen übrig, und ihre Formelsprache – der verdrängten Naturwissenschaft abgeschaut – reizte zu einem Kasinoton, wie er mich bei vielen Älteren abstieß, dem neuen Kasinoton unserer vollständigen Aufgeklärtheit – und irgend etwas muß auch davon geblieben sein; nachdem mein siebenjähriger Sohn aufgeschnappt hatte, daß ich mich, dieser Vorlesung wegen, wieder mit Theorie beschäftigen müsse und dies dann auch tat, fragte er eines Tages, ob das denn bald zu Ende sei, diese Beschäftigung mit ›Terrorie‹.

Damals wäre sie womöglich ewig weitergegangen, hätte das Leben nicht für einen neuen Schnitt gesorgt. Die Einnehmende vom ersten Studientag hatte genug von mir: sie ging, und das Unglück setzte alles Theoretische unter Wasser; ich begann wieder, Prosa zu schreiben, fand aber, für mich, auch neue Autoren – Leiris, Lacan, Foucault, Derrida, Pasolini, um nur fünf zu nennen –, Leute mit literarischen Wurzeln, die mich zur Fiktion zurückführten: zum Schreiben ebenso wie zur Lektüre; ich kam endlich wieder herum in der Welt.

Im September 75 hielt ich mich etwa, einem alten Kalender zufolge, vierzehn Tage im Land Tolstois auf – ich las ›Anna Karenina‹ und erfuhr, was es hieß, nicht *über* das Sterben zu schreiben, sondern das Sterben, schreibend, sich ereignen zu lassen; ich saß an der Kiesgrube und weinte um Levin. Derartige Reisen häuften sich dann, ich verließ kaum noch mein Zimmer im Ostend, und ein schmerzvolles Kreißen begann, ein Kreißen mit zahllosen Ursachen, überdeterminiert wie alles Schöpferische, ob es nun als Tat oder Untat herauskommt, daran glaube ich fest – wer nur aus *einem* Grund schreibt, schreibt aus gar keinem.

Wichtigster Geburtshelfer bei diesem Kreißen wurde jener schon genannte Wandnachbar Zoltan Fodor, achtzigjähriger Ungar im Exil, der mir, eines Nachts, alle Dokumente seines Lebens zeigte und ansonsten durch ein immer wieder hervorgepreßtes, noch gerade bis zu mir dringendes ›Katastrophe-Katastrophe!‹ auf sich aufmerksam machte – Lebenslosung, die eines Tages ausblieb und auch nicht wiedererklang. Obwohl Fodor keinen seiner Gänge, die alle im nahen Zoo endeten, angetreten hatte, stand sein Schirm vor der Tür. Ich ahnte Schlimmes, wollte es aber nicht wahrhaben; eine Woche ging das so, eine zweite, eine dritte, dann war der Gestank nicht mehr auszuhalten, Polizei rückte an, und ich bestand darauf, das Zimmer meines Nachbarn als erster zu betreten. Was ich dort sah, ist unvergeßlich – Fodors Kadaver, schon ganz im Anderswo, aber in einer weißen Wäsche von hier –, ein Anblick, der sich sofort mit jenem unsichtbaren Dr. Branzger meiner Kindheit verband: nur jener Dr. Branzger schien mir einen solchen Anblick zu ertragen, ja zu suchen. Und mit diesem Bild, mit dieser Idee, schrieb ich in den folgenden Wochen, den Tod anerkennend und verleugnend zugleich, eine Novelle, ›Ohne Eifer ohne Zorn‹; kein besonders heiteres Buch, das ein beherzter Verleger in sein Programm nahm.

Knapp tausend Exemplare wurden verkauft, in ›Der Zeit‹
hieß es, wenigstens der Tag, an dem man die Novelle gelesen habe, sei einem verdorben, ein Debüt zum Fürch-
ten nannte es der Rezensent, und vielleicht ist es das
auch; ich selbst habe mich beim Schreiben gefürchtet –

»Branzger öffnet die Balkontür. Zu mildes Wetter für
die Jahreszeit; eine tückische Wärme ohne Verlaß. Sein
Sterbemonat, denkt er, wird der März. Und auf einmal
ist er drüben, auf dem anderen Balkon, geht dort dicht an
die Scheibe und betrachtet, was im Morgenlicht erkennbar ist: Das Gesicht des Toten jetzt eher konkav, anstatt,
wie zu Lebzeiten, nach außen gewölbt. Die Nase nur
noch ein Gebilde, ein schwarzbrauner Klumpen, die
Augen ebenfalls: verschwunden, unter dem Einbruch des
Gesichts; der Bauch wohl noch nicht, aber der Hoden-
sack, wie es aussieht, vor dem Entzweiplatzen. In der
Größe eines Säuglingskopfes spannt er sich zwischen den
Schenkeln. Branzger stellt sich vor, die Polizei zu rufen.
Doch dann verschieben sich die Dinge wieder, Besitzlust
an dem Wissen um den Toten macht das Rennen …«

Zufällige Umstände, meine Damen und Herren: Daß
eines Tages in das Zimmer neben meinem, Ostbahnhof-
straße 9, unter dem Dach, jener alte Zoltan Fodor einzog
und zu dem Zeitpunkt starb, als ich meine Dissertation
gerade erledigt hatte und nichts anderes wollte als schreiben, dann Wand an Wand von mir verweste und ein
Grauen vor dem schon zerfallenen, die eigentliche Häß-
lichkeit der Natur, die unsere Natur ist, zeigenden Körper hervorrief, lösten die kleine Lawine dieser Novelle
aus – es war genau die Geschichte, die ich schreiben
konnte und das in überwiegend torsohaften, auf penible
Weise unvollständigen Sätzen (was manchmal radikal
oder gar avantgardistisch daherkommt, ist ja oft nur ein

nicht anders Können, und mir sind alle Kollegen verdächtig, die einen Schreibweg, zu dem sie keine Alternative haben, als ihren gewählten verteidigen). Meine Ohnmacht als junger Mann von Ende zwanzig und meine
Kräfte als Autor waren ein und dasselbe, aber das ist ja
nichts Neues – Schreibende spüren oder wissen von Anfang an, daß dies eher aus eigenem Mangel heraus geschieht denn aus eigenem Überfluß, und sind nicht nur
darauf bedacht, sondern verstehen es auch, diesen Um-
stand im Werk zu verschleiern – im August 1912 schloß
Kafka seinen ersten Brief an Ernst Rowohlt und an einen
Verleger überhaupt mit den Worten: »Die verbreitetste
Individualität der Schriftsteller besteht ja darin, daß jeder auf ganz besondere Weise sein Schlechtes verdeckt.«
   Ausgehend von dieser Prämisse, wäre es nun nahelie-
gend, mit einer Darstellung des Ineinandergreifens von
Lebensgeschichte und dem Entstehen meiner Bücher
fortzufahren, also zu liefern, was, kurz gesagt, Bio-
bibliographie heißt und schon dadurch suggeriert, Leben und Schreiben seien nur zwei Seiten einer Medaille,
doch dies führt, wenn es Autoren selbst unternehmen,
leicht zu einem Abhandeln, ja Abkanzeln der eigenen
Arbeit, bei mir jedenfalls – zu einer Art Selbstverstoßung, über die ich in der vierten Vorlesung noch aus-
führlich spreche. Darum lieber ein weiteres Insistieren
auf dem Thema des Abends, ›Das Kind und die Buchstaben‹. Ich will von dem ersten gebundenen Buch erzählen, das ich als ureigenes ansah, als dessen Autor ich
mich, mit allen Mitteln, nachträglich aufzuschwingen
versuchte, einem kleinen Fotoalbum.

Zu den wenigen, nicht nur vom eigenen Empfinden her,
sondern auch tatsächlich folgenreichen gemeinsamen

Unternehmungen meiner Mutter und meines Vaters – in
diesem Fall mit gutem Grund Eltern zu nennen –, zählt,
neben dem Abenteuer des Zeugens, das Anlegen dieses
kleinen, selbstgefertigten Albums, genannt ›Unser Sohn‹,
welches meine ersten sechs Lebensjahre umfaßt, genauer
ausgedrückt: fotografische Beweise für das körperliche
Wachstum und die physiognomische Enwicklung innerhalb einer bestimmten Familien- und Nachkriegsumge-
bung präsentiert.

In den Kommentaren neben und unter den Fotos er-
kenne ich sowohl die Handschrift meiner Mutter wie
meines Vaters, was es nahelegt, daß sich die beiden darüber ausgetauscht haben, wie ihr erstgeborenes Kind,
also mein Körper, ich, am besten zu kommentieren sei,
wobei es aber auch denkbar ist, daß jeder auf eigene
Faust einen liebevollen Senf dazu gab; doch selbst in
einem erweiterten Sinne trägt das Album, wie mir eine
strikte Chronologie und das oft Tautologische der Kommentare verraten, beider Handschrift, was dieses Album
für mich zu einem einzigartigen Dokument des sonst
eher kargen Elterlichen macht. Begriffen habe ich dies allerdings recht spät, genaugenommen erst während der
Arbeit an dieser Vorlesung – begleitet hat mich das Album nämlich schon (neben dem erwähnten Foto mit
dem Boxweltmeister) seit Eintritt in die Schule, und in
dem Maße, wie sich mir die Bildunterschriften erschlos-
sen, wurde es mehr und mehr zu einem intimen Archiv:
Es enthielt Antworten auf die Frage, wer ich, in diesem
dort immer wieder abgelichteten Körperchen steckend,
denn nun eigentlich sei – ja, es wurde zu einem ›Spieglein, Spieglein an der Wand‹, das ich dann später fast zerstört hätte.

In der Zeit des Moratoriums, zwischen 21 und 27, verwandelte sich das gewiß gut gemeinte Album für mich, die Titelfigur, zu einem Objekt der Ausschlachtung, es verlor seine Unantastbarkeit; kein Überdruß oder die Gebote der damaligen Freud-Auslegung, sondern etwas beinahe Instinkthaftes trieb mich dazu, das schön Anzusehende dieses Dokuments zu beschädigen, so, daß es heute aussieht, als sei es nicht nach dem Krieg, sondern während des Krieges angelegt und schließlich, nur mit Glück, den Händen barbarischer Besatzer entwunden worden. Kaum ein Foto ist mehr heil, kaum eine Seite unversehrt, manche Bilder sind herausgerissen, andere überklebt durch die eigenen Hände – die, die in dem Album, immer wieder, klein und weiß erscheinen; nur die Kommentare sind verschont geblieben.

Ein geschundenes Buch, ein Selbstvandalismus; folgende Erklärung bietet sich mir, dem Opfer und Täter: Dieses Album mit einem Bilderbogen vom Baby im Körbchen, Augen weit aufgerissen, Glatzenkönig genannt, über ein blondgelocktes Prinzchen, an der schönen Mutter vorbeiblickend, in die unendliche Leere der Schönheit, eine hellhäutige Made mit Sonnenbrillchen, neben dem braungebrannten Vater, einen Buben mit Baskenmützlein, der unweit der Hamburger Hochhäuser ein Loch gräbt, bis zu einem Sechsjährigen in erbärmlicher Garderobe mit Schultüte, dieses Album ist ein getreues Alphabet meines Körpers, einer unabänderlichen Prägung, der ich in den siebziger Jahren auf gewissermaßen privat-terroristischem Weg zu entkommen versuchte: Ich machte die Realität dieses Albums zum Objekt meiner Wut; erst ab dem Jahr 79, nach ersten Veröffentlichungen, begann ich es, mit den gewaltlosen Mitteln der Literatur, selbst als ein Stück Fiktion zu betrachten: Ich ging daran, die Fotos und

Aus dem geschundenen Album:
Früher Blick in die unendliche Leere der Schönheit (der Schöpfer von Aschenbach und Tadzio
lebte noch).

Aus dem geschundenen Album:
Hamburg, Grindelberg: die Made mit dem
braungebrannten Vater; zwei Körper,
zwei Welten.

Der verschämte Linkshänder auf dem Weg zur Schrift
in erbärmlicher Garderobe.

Kommentare buchstäblich umzuschreiben. Dieses Kinderkörperlein, das ich nach wie vor in mir spüre, schien und scheint mir, ebenso übrigens wie der eigene Name, den ich von Anfang an in den Mund nahm, als habe er einen fremden, faulen Geschmack, nur annehmbar, wenn ich selbst sein Erzeuger bin, also anderen vorschreiben kann, wie sie es und wie sie ihn zu buchstabieren haben: wenn ich als Schriftsteller mich in die Welt setze.

Ein gewisser Selbstbetrug, darüber besteht kein Zweifel, denn ich bin nun einmal nicht mein Erzeuger, und hierzu muß angemerkt werden: Ich konnte mich nie für jenen Teil von Nietzsches Werk begeistern, der mir in dieser Hinsicht hätte Rückendeckung geben können; das Konzept vom Übermenschen hatte für mich immer etwas Kaputtes: vielleicht war und bin ich doch zu christlich, um mit aller Macht die Bedingungen der eigenen Existenz hervorbringen zu wollen. Ich begnügte mich mit Selbstbetrug, besser gesagt, einer Selbsttäuschung, die ja dann, nach den ersten Büchern, öffentlich abgesegnet erschien: als mein gegebener Name, der *given name*, wie es auf amerikanischen Dokumenten so ernüchternd heißt, nun plötzlich der Name des Autors war, als man im Grunde anfing, mein Kinderalphabet zu übernehmen, in meine Legenden um den eigenen Körper miteinstieg, sie wiedergab in Kritiken, auch wenn man oft abfällig von ihnen sprach; aber selbst der ärgste Verriß geht an jenem Körperchen, vor das ich mich, mit meinem Text, schützend gestellt habe, vorbei. Schriftsteller, denke ich, setzen ihr ganzes Vermögen daran, dieses Körperchen in sich, das, als Gegenstand von Kritik, jederzeit der Hebel wäre, den Verriß, wortwörtlich, zu vollenden, mit einem Sprach- und Erzählgewebe zu verkleiden, dessen Schutz sogar wirksam bleibt, wenn es auf den Mangel verweist.

Das Paradoxe ist nun, daß dies um so besser gelingt, je mehr die eigene Arbeit Beachtung findet, also respektiert wird, und zugleich auch um so mehr mißlingt. Das Schreiben machte mich einerseits unsichtbar, legte mit jedem Buch einen neuen Verband um jenen Körper in mir, zu dem ich kein Zutrauen hatte, zog aber andererseits auch den Körper des Autors ans Licht, ein Licht, das ich wollte und nicht wollte, für Schriftsteller gar nichts Ungewöhnliches – denken Sie nur an Kafkas Ambivalenz gegenüber dem Veröffentlichtwerden. In Joachim Unselds Buch ›Franz Kafka, Ein Schriftstellerleben‹ heißt es: »In diesem Moment, da ihn (Kafka) die Umwelt zu vergessen begann, wollte er selbst die eigene Existenz spurlos machen.« – Die Rede ist von der Zeit nach 1915, als Kafkas Bekanntheit durch die Verleihung des Fontane-Preises ihren bescheidenen Höhepunkt erreicht hatte; eine Wende brachte dann erst wieder die Erzählung ›Ein Hungerkünstler‹, die Kafka für unangreifbar genug hielt und damit sich selbst für geschützt genug, daß er sie in der ›Neuen Rundschau‹ sehen wollte, wo sie 1922 ja auch erschien.

Stellen wir uns jetzt einmal vor, Kafka lebte hier und heute und es ginge höchstens noch am Rande um die Frage ›Neue Rundschau‹ oder ›Genius‹, wie die andere bedeutende Literaturzeitschrift hieß, sondern vielmehr darum: Zusage für ein Porträt im ›Stern‹ oder Zusage für einen Auftritt in einer Talk-Show mit der Möglichkeit, drei Minuten aus ›Ein Hungerkünstler‹ zu lesen – unvorstellbar, welche Vorsicht Kafka, ins Medienzeitalter katapultiert, walten ließe; nur einen Bruchteil dieser Vorsicht lasse ich vermutlich walten – ein Achtgeben auf sich in der Art, wie ein Gebrechlicher auf sich achtgibt, freilich ohne den Bonus des Gebrechlichen, aber mit vollem

Recht, wie folgende Episode zeigt.

In einem seriösen Magazin erschien vor Jahren ein Porträt über mich; dort hieß es, in meinem Bad hingen sieben Spiegel, eine, zugegeben, rekordverdächtige Zahl, die bis heute in unzähligen Kritiken wiederholt wird und entsprechende Rückschlüsse zuläßt. Was ist wahr daran? Gerade vom Villa Massimo-Aufenthalt aus Rom zurückgekehrt, hatte ich, vorübergehend, eine Einzimmerwohnung bezogen; der Vormieter oder dessen Vormieter hatte im Bad Abziehbilder von Goldfischen an die Wand geklebt und sogenannte Spiegelkacheln über der tristen Wanne angebracht, sechs an der Zahl, macht zusammen mit dem Spiegel über dem Waschbecken sieben. Und aus Mangel an Vorsicht habe ich nun den Redakteur des Magazins in diese Bleibe gelassen und ließ ihn, als das erforderlich wurde, auch die Toilette benützen; die sieben Spiegel paßten dann genau zu dem, was ich vorhin als Gebrechen qualifiziert habe, wie etwa sieben Mohrenköpfe auf dem Wannenrand zu einem Autor mit Gewichtsproblemen gepaßt hätten. Zugespitzter als mit dieser Begebenheit könnte ich die Gegnerschaft zwischen dem, der die Legenden um den eigenen Körper zu bilden versucht, und dem, der letztlich nur jemanden, kläglich wie er selbst, enttarnen möchte, nicht darstellen. Das so auszusprechen ist eine Kränkung; aber diese Vorlesung ist unter anderem der Versuch, über tiefe, in das körperliche Sein, das unser frühestes Sein ist, zurückreichende Kränkungen zu reden – Kränkungen, die für die eigene Grundlesart, wie man sich selber sieht, etwas markieren, das man beschädigte oder gar nicht erst entwickelte, das man fehlende Buchstaben nennen könnte.

Meine Damen und Herren, unter all diesen Voraussetzungen biete ich nun eine Poetologie, für die, abgesehen von mir, keine Gültigkeit zu beanspruchen wäre. Im weitesten Sinne handelt es sich um eine ›Arme Poetologie‹ – bestenfalls Beispiel für literarisches Schaffen innerhalb eines bestimmten Schwerefelds, dem Sie, im immer enger werdenden, nur mehr mühsam der Aufklärung treuen Zentraleuropa, ebenso unterliegen wie ich – einer Gravitation gekennzeichnet durch: noch selbstverständlichen Wohlstand und Frieden, aber schon selbstverständliche Vermitteltheit durch die Medien; längst selbstverständlichen Narzißmus – Sie können es auch Egozentrik nennen – und eine ungewöhnliche häufige Erfahrung von Glück; wenigstens letzteres sollte keinen Anlaß zu Mißverständnissen geben, ich darf daher etwas ausholen.

Bei allem, worunter ich litt, gab es für mich ein Maß an Glück oder Freiheit, das mit dem in der Welt vorhandenen, unübersehbaren Leid in keiner Weise verträglich war, das mich zu einem Mitleid brachte, das die Generation vor mir, in viel größerer Unfreiheit lebend, wohl aus dem Grund so nicht kannte. Und vor allem dieses Mitleid ließ mich in einer Bewegung mitlaufen, auf die viel von der Tatsache, daß Glücklichsein heute Programm ist, zurückgeht, eine Bewegung, die, auch aus gegenwärtiger Sicht, noch vertretbare Ziele verfolgte, Ziele, die sich auch aus jenen menschenverachtenden Zielen ergaben, die die Bewegung vor der Studentenbewegung auf ihre Fahnen geschrieben hatte. Mitläufer wie ich hatten da einfach historisches Glück, wir waren Mitläufer glücklicher Umstände, so wie wir dann, ich jedenfalls, von anderen, nur noch scheinbar glücklichen, windigen Umständen mitgerissen wurden.

Beispiel, diese Stadt. Frankfurt hat fast nichts mehr von dem Stadtkörper, in den ich vor fünfundzwanzig Jahren eintauchte; wo etwa ein Haus stand, in dessen Räumen ich mich verliebte, fehlt heute nicht nur das Haus, sondern auch die Umgebung des Hauses, alles, was an den früheren Ort erinnern könnte; ja, es ist gar kein Ort mehr, sondern Teil eines Komplexes, eines neuen Alphabets; übermenschliche Kräfte scheinen nötig, um sich in einer Stadt wie Frankfurt seine Heimat zu schaffen, im umfassenden, auch geistigen Sinn, was für mich Grundlage ›Reicher Poetologie‹ wäre. Früher veränderte sich der Körper des Menschen ungleich schneller als das Gesicht seiner Umgebung, hier und heute ist es genau umgekehrt; ›Wandel‹ nennt man das im allgemeinen, für mich ein Delirium.

Delirium des Banalen, das banale Glück und Unglück eingeschlossen: in ihm, oder davon angestoßen, ergibt sich – führt man nicht das Leben eines Eremiten – deutschsprachige Gegenwartsliteratur, und meine Rede darüber kann nicht frei sein davon, wobei ich voraussetze: Jede Banalität – alles Alltägliche, Abgedroschene, Flache, Schale, Fade, Geistlose – kann, wie Freud uns gezeigt hat, geeignet sein, Identität zu verletzen, sonst wären wir wohl alle schon am Mangel an Verzweiflung verzweifelt. Das heißt, auch im Deutschland delirierender Medien kann uns das nicht passieren – so wie früher, als die Banalitäten nur anders daherkamen, kein Mangel an Verzweiflung herrschte – dreiundachtzig Jahre vor uns, am 2. Januar 1912, hält Kafka im Tagebuch sein Leid mit der Kleidung hinsichtlich der bevorstehenden Tanzstunde fest:

»Ich wollte keinen derartigen Smoking, sondern einen, wenn es sein mußte, mit Seide zwar ausgefütterten …, aber hochgeschlossenen Smoking. Ein solcher

»Übermenschliche Kräfte scheinen nötig, um sich in einer Stadt wie
Frankfurt seine Heimat zu schaffen.« (Zum Glück liegen Bahnhof
und Flughafen günstig.)

Smoking war dem Schneider unbekannt, doch bemerkte er, was ich mir auch immer unter einem solchen Rock vorstelle, ein Tanzkleid könne das nicht sein. Gut, dann war es also kein Tanzkleid, ich wollte auch gar nicht tanzen … dagegen wollte ich den beschriebenen Rock mir machen lassen … Es blieb mir daher nichts anderes übrig … als mit ihm (dem Schneider), so peinlich das war, über den Altstädter Ring zum Laden eines Händlers … zu gehen, in dessen Auslage ich schon seit längerer Zeit einen derartigen unverfänglichen Smoking ausgebreitet gesehen und für mich als brauchbar erkannt hatte.« Zum Wesen der Banalität gehört, daß sie eben nur banal erscheint; jeder der unzähligen Klamottenläden unserer Fußgängerzonen ist blödestes Ambiente *und* Bühne unsichtbarer Tragödien in einem, nur daß diese Universalität, von Kafka in der Tragödie des Hungerkünstlers sichtbar gemacht, dort gänzlich verwischt ist.

Und damit sind wir wieder beim Ausgangspunkt, Kafkas Erzählung, dieser bisher unübertroffenen Metapher des sich selbst über völlige körperliche Zurücknahme erschaffenden Menschen: »Niemand war ja imstande, all die Tage und Nächte beim Hungerkünstler ununterbrochen als Wächter zu verbringen, niemand also konnte aus eigener Anschauung wissen, ob wirklich ununterbrochen, fehlerlos gehungert worden war; nur der Hungerkünstler selbst konnte das wissen, nur er also gleichzeitig der von seinem Hungern vollkommen befriedigte Zuschauer sein« – und schon ist die Tragödie abgesteckt: Das Interesse am Hungerkünstler geht stetig zurück, er hungert am Ende nur noch für sich. »Niemand zählte die Tage … nicht einmal der Hungerkünstler selbst wußte, wie groß die Leistung schon war, und sein Herz wurde schwer.«

Früher dachte ich oft, die Erzählung hätte hier enden sollen – inzwischen ahne ich, warum Kafka noch eine Seite hinzugefügt hat. Er läßt den Hungerkünstler sterben, eine Art Selbstmord: Der Hungerkünstler verwandelt seinen ausgemergelten, symbolischen Körper in ein Zeichen – skandalöse Rückkehr zum Buchstäblichen, dem buchstäblichen Verhungern –, und man verscharrt, auf abgedroschenste Weise, den Kadaver samt dem Stroh; und nun kommt es, unausweichlich, wie immer bei diesem Autor: »In den Käfig aber gab man einen jungen Panther. Ihm fehlte nichts ... Dieser edle, mit allem Nötigen bis knapp zum Zerreißen ausgestattete Körper schien auch die Freiheit mit sich herumzutragen; irgendwo im Gebiß schien sie zu stecken; und die Freude am Leben kam mit derart starker Glut aus seinem Rachen, daß es für die Zuschauer nicht leicht war, ihr standzuhalten. Aber sie überwanden sich, umdrängten den Käfig und wollten sich gar nicht fortrühren.«

In diesen Zeilen verrät Kafka seine ganze Sehnsucht nach verkörperter, nicht metaphysischer Freiheit, ja Schönheit; er, dessen Körper von Anfang an zum Ort fremder, häßlicher Einschriften wurde, zum Abort mit seinen Wandsprüchen – väterlichen Zoten, wie man im Tagebuch nachlesen kann –, vermochte diese nur zu schwächen, indem er sie, palimpsestartig, überschrieb, die Legende um den eigenen Körper schuf. Kafka dem Sohn glückt, über die Beschreibung des Panthers, ein vorübergehendes Stillen dieser Sehnsucht, eine ›Orthopädische Wahrheit‹, wie ich es nennen will, Thema der nächsten Vorlesung – vorübergehend darum, weil sich der junge Schriftsteller K. über seinen Körper keine Illusionen machte.

Heute lebend – noch einmal diese Fiktion –, hätte er

vielleicht Body-Building betrieben, wohlwissend, daß auch dabei eine Legende herauskommt, die Muskellegende um einen eigentlich viel schmaleren, womöglich schmächtigen Körper; doch sie wirft Glanz auf den Erschaffer, den Glanz des Geleisteten, Abgerungenen, wie die Erzählung vom Hungerkünstler Glanz auf den Autor wirft. Glanz, der beim Betrachten eines Fotos von Kafka eben nicht an Lungenheilanstalten oder gar die Psychiatrie denken läßt, meine Damen und Herren, sondern an höchste Empfindlichkeit gegenüber dem Dasein, an gesteigertes Leben.

Fast schon ein Schlußwort, aber schließen will ich mit einem von zwei brauchbaren Gedichten aus meiner untersten Lade, beide hängen mit dem Kinderkörper zusammen; dieses entstand voriges Jahr, als meine Tochter sprechen lernte.

> Mädchenleis Dein erstes Klagen
> Wagte nicht, Dich anzuheben
> Nur einen Kuß erbat ich dann
> Aus Deiner Augen Ferne kam
> Werd lang Dich überleben.
>
> Helles Da! Dein erstes Sagen
> Sieh da, die Welt im Lot
> Und wieder bat ich um den Kuß
> Du schüttelst nur das Häuptchen
> So lustig buchstabierst Du Tod.

II

Orthopädische Wahrheit

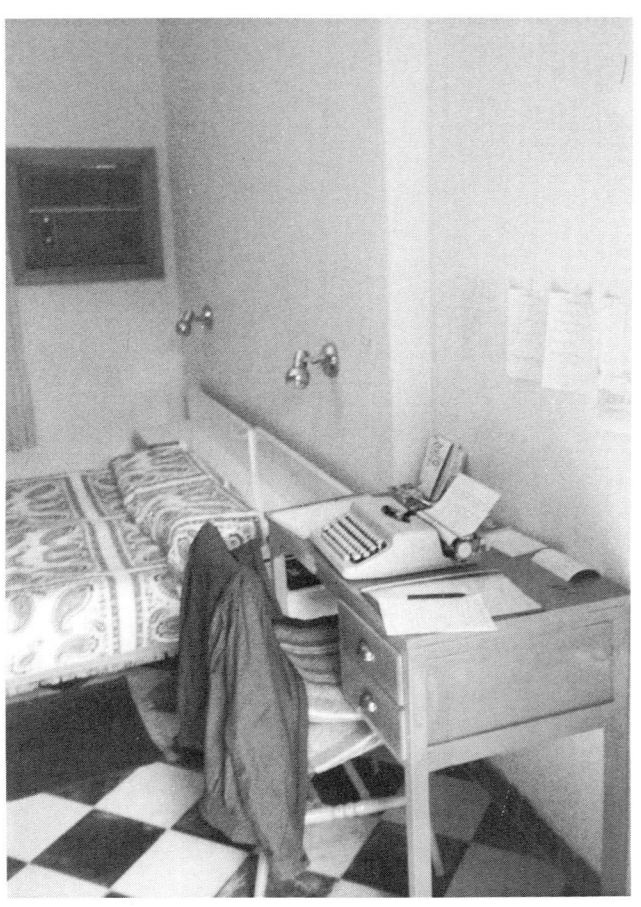

Ein Schreib-Ort

Guten Abend, meine Damen und Herren – heute soll hier geworben werden für den Wahrheitsgehalt von Fiktionen, und vielleicht ist dazu kein Ort weniger geeignet als dieser große Hörsaal ohne Tageslicht. Wo könnte leichter das Gefühl aufkommen, die Eigenschaften der Literatur gehörten einer ganz anderen Welt an, gäben in diesem Saal, wie auch der Gastdozent, gewissermaßen nur eine Gastvorstellung; und wo sonst könnten sich so viele so nebenbei, auf der Schwelle zwischen Tag und Abend, versammeln – ein bißchen wie im Kino –, schon nicht mehr ganz da, wie man sagt, und letzten Endes, falls der Film zu lang wird (bei einem Fünfteiler muß man ja im zweiten Teil immer mit dramaturgischen Einbrüchen rechnen), auf Sachbücher zum gleichen Thema vertrauend? Also für den, der hier gehalten ist zu reden, heute unter dem Titel ›Orthopädische Wahrheit‹, ein gewisses Risiko, mehr jedoch ein Reiz, der Reiz, diesem Behördenlicht und der Kinoposition fünfundsechzig Minuten lang etwas entgegenzusetzen.

Welche Wahrheit meine ich? Keine, die irgendwo außerhalb von einem liegt, aber auch keine, die irgendwo tief in einem schlummert – keine metaphysische oder romantische Wahrheit, welche nur darauf wartet, entdeckt zu werden, aber auch keine, deren Güte sich nach ihrer Wahrscheinlichkeit, letztlich dem Numerischen bestimmt, sondern die Wahrheit ist gemeint, die ich, mittels Sprache, überhaupt erst erstelle. Nur Sätze können wahr sein, darauf hat vor allem Wittgenstein aufmerksam gemacht; Leute, die Sätze bilden, stecken das Terrain für Wahrheit ab, wozu natürlich auch alle schwarzen Schafe

und sämtliche Scharlatane unter den Sätzebildnern zu
zählen sind. Realität verhält sich nun einmal vollkommen gleichgültig gegenüber den Beschreibungen von ihr;
Protest gegen üble Beschreibungen kann nur wiederum
von anderen Sätzebildnern kommen.

Folglich stecke auch ich mein Wahrheitsterrain ab und
stehe damit zwangsläufig im Wettstreit mit den moder-
nen Wahrheits-Profis aus dem Medienlager; eine eindeu-
tige Konkurrenz um das Aufstellen und Vertreiben der
Wahrheit – von den mitreißenderen unter den Philosophen, von Nietzsche über Heidegger, von Wittgenstein
bis zu Derrida, um nur vier der bekannteren zu nennen,
im übrigen immer schon genau registriert, und eben
diese zeigten dann ja in ihrem Werk, teils versteckt, teils
offen, literarische Qualitäten. Daß Literatur Wahrheit
erzeugt, ist also nicht bloß die Behauptung eines Autors
zu Reklamezwecken – eine Wahrheit, die freilich schöpferischen Lesens bedarf, buchstäblich aus den Sätzen
herausgeschöpft werden muß; im Preis inbegriffen, wie
beim sogenannten Sachbuch, ist sie nicht.

›Wahrheiten‹, die uns das Sachbuch, gleichsam abge-
packt, offeriert, lehnen sich stets an das Numerische an –
es sind nicht dahinströmende horizontale, sondern wie
Ausrufezeichen dastehende vertikale, sagen wir es also
ruhig: männliche Wahrheiten, während sich die fiktiven
der Literatur allem Numerischen, das ja immer Emotion
eindämmen soll, widersetzen; es sind die fließenden, unserer Gefühlswelt abgeschauten, in ihrer Festigkeit, in
ihrer Standesgemäßheit nicht sichtbaren, und sagen wir
es wiederum ruhig: weiblichen Wahrheiten, nämlich solche kulturellen Repräsentationen, die nur übersetzbar
sind in einer Performanz, eben der Performanz der Literatur, einem Doppelereignis: stattfindend einmal im Akt

des Schreibens, des Ausschöpfens einer bestimmten inneren oder äußeren Szene, und zum anderen in dem des Lesens, des Ausschöpfens der fertigen, davon erzählenden Sätze.

Während Sachbücher, und gemeint sind hier vor allem die zahllosen über unsere Gefühlswelt, gleich Repräsentationen anbieten, legitimiert erscheinende, geschlossene Darstellungen, und diese gewissermaßen als Wahrheiten Ersten Grades, als standesgemäße Originalgliedmaßen verkaufen – also etwa von Weiblichkeit reden (wie ich es eben getan habe), statt Weiblichkeit evident werden zu lassen –, setzen Romane auf Worte, ja setzen eben Worte anstelle von Figuren, von Körpern (man muß hier nur einmal Huysman's ›A Rebours‹ genau lesen); der Logos, als unser geschriebener Körper, ist ein künstliches Glied, fiktionale Wahrheiten sind immer Orthopädie: unbrauchbar für jeden, der sicher ist, auf eigenen Füßen zu stehen, der Gehhilfe nicht zu bedürfen.

Aber was heißt das? Heißt das, Literatur lehrt uns Weiblichkeit, indem sie bewußtmacht, wie sehr wir uns auf das Weibliche stützen, wenn wir uns selbst verstehen und damit in der Ausweitung unseres Menschlichseins vorankommen? Oder heißt es einfach nur, Oscar Wilde vor Augen, daß die einzige Aufgabe von Literatur eine Erweckung von köstlich nutzlosen Gefühlen ist?

Erlauben Sie mir, daß ich die Antwort zurückstelle; im Augenblick mag es genügen, diese Fragen hier ausgesprochen zu haben: so bilden sie, vielleicht, einen Hintergrund für alle folgenden Überlegungen.

›Orthopädische Wahrheit‹, und das Gewicht liegt hier auf der Vorsilbe ›Ortho‹, bekanntlich zu übersetzen mit ›gerade‹ oder ›aufrecht‹, damit meine ich eine stützende

und zugleich geraderückende, dem Mangel durch dessen
präzise Herausstellung begegnende, schmerzliche Wahrheit, fern von allem Erhabenen und doch nicht.

Durch ihre orthopädische Funktion stehen die Wahrheiten der Literatur nämlich – dies ist meine Vermutung
und meine Hoffnung – über dem Kleinlichen des eigenen Geschlechts, des Geschlechtsspezifischen, wie man
bei uns gern sagt; es sind eben Krücken, Prothesen,
Meta-Körper, die sowohl das Männliche als auch das
Weibliche berücksichtigen und damit, am Ende, doch etwas Erhabenes zum Ausdruck bringen, jenes Erhabene
von Kafkas Hungerkünstler, der eben ganz und gar Körper ist, ohne ganz und gar Mann zu sein, dessen passive
oder ruhende Sexualität – was mir als Heranwachsendem
so großen Eindruck machte – vollständig umgeben ist
mit einer Legende.

Großen Eindruck warum? Mich drängte es von Anfang an, Geschichten um die Sexualität zu erfinden. Ich
wollte von eigenen Abgründen erzählen, von Sexualität,
die nicht jedermanns Sexualität ist, ohne mich dabei, als
jemand, der auch anerkannt werden will, restlos zu verraten. Ich wollte keinen schonen, ausgenommen die
Sprache. Man könnte aber auch sagen, ich versuchte,
meine Sexualität in diesen erfundenen Geschichten zu
finden – vor allem in den Geschichten anderer; zu meinen schöpferischsten Leseerlebnissen gehört ein Text, in
dem mir folgendes gelungen scheint: eine die Autorin
aufrichtende und doch bloßstellende, peinliche Wahrheit
der Sexualität, ganz unerhaben geschrieben, aber durch
einen dringenden, bedingungslosen Ton über allem Gewöhnlichen stehend: ›unauffällig erhaben‹, wenn Sie den
Ausdruck annehmen wollen; ich rede von Marguerite
Duras' Skizze ›Der Mann im Flur‹. Eine Frau, vielleicht

auch ein Mann mit weiblichem Blick, stellt sich vor, ein
Paar zu beobachten, »Der Mann hätte«, beginnt der Text
im Konjunktiv, »im Dunkel des Flurs … gesessen«, doch
weiter geht es im Indikativ, »Er betrachtet eine Frau, die
ein paar Meter von ihm entfernt auf einem Steinweg
liegt«, aber die Wirklichkeitsform wird dann auch wieder verlassen; hinter der weiblichen Stimme, die hier
spricht, scheint sich eine sehr genau abwägende Person
zu verbergen, jemand, der es sich nicht leichtmacht, dieses anonyme Paar, genauer gesagt, die Vorbereitungen
und den Vollzug ihrer von Lust und Gewalt gekenn-
zeichneten Paarung zu verfolgen und zu kommentieren – nach gut der Hälfte des nur zwanzig Seiten langen
Textes lesen wir:

»Ich höre, wie die Frau zum Mann spricht. ›Ich liebe
dich.‹ Ich höre, wie er ihr antwortet, er wisse es: ›Ja.‹

Ich sehe, wie die Frau sich bewegt und ihrerseits die
drei Schritte gehen wird, die sie von ihm trennen. Ich
sehe noch, wie er zu seiner Fluchtbewegung ansetzt und
wie er wieder in den Sessel zurückfällt. Dann sehe ich
nichts mehr jenseits der Fakten.

Sie ist bei ihm angelangt, kauert sich zwischen seine
Beine und betrachtet es, es ganz allein, in dem Schatten, den sie ihrerseits auf ihn wirft. Behutsam macht
sie es frei, bis es ganz nackt ist. Schiebt die Kleidung
auseinander. Holt die tieferen Teile hervor. Entfernt
sich ein wenig davon, und läßt so das Licht darauf
scheinen …

Der Mann und die Frau betrachten es gemeinsam. Sie
machen ihm gegenüber keinerlei Geste und überlassen es
noch sich selbst. Jenseits von ihnen sehe ich noch, daß es
ein baumloses Land ist …« Im Moment nur so viel von
der abweisenden Virtuosität dieser Skizze. Worauf es

mir vor allem ankam, war der Zwischensatz: »Dann sehe ich nichts mehr jenseits der Fakten.«

Die Beobachterin, der Beobachter, die Autorin, Marguerite Duras, sie hat einen ›Blick-Point of no return‹ erreicht, eine Position des Sehens und Sprechens, von der aus sie unangenehme und zugleich aufrichtende Wahrheiten in einem ruhigen, fast müden Ton zur Sprache bringen kann – ein Platz am Rande des Geschehens, den auch ich in meinem körperbezogenen Schreiben immer gesucht habe; nur von da aus gibt es für Sehen, Wissen, Sagen keine Grenzen, und der Autor kann, in seiner Exzentrik, sozusagen zu weit gehen; anderenfalls, mit dem Geschehen zu familiär, zu verbunden, gelänge nämlich nur eine Legende *zum* eigenen Körper, etwas Affirmatives, eine Räuberpistole. Mein erster Held, Branzger, muß auf den Nachbarbalkon klettern und den Prozeß der Verwesung seines Nachbarn verfolgen; ich mußte ihn das tun lassen, auch wenn es unappetitlich, wenn es abstoßend war: nur so nahm die Novelle ihren Lauf; das Wort *Verwesung* hätte es mir nicht abgenommen, von der Verwesung zu erzählen, so wie das Wort *Geschlechtsverkehr* es Frau Duras nicht abgenommen hätte, ein Stück weiter in dem Text zu sagen: »Sie küßt. Da, wo der widerwärtige Geruch herrscht, küßt sie, leckt sie. Sie nennt die Dinge, schimpft, ruft Wörter zu Hilfe …«

Wörter, nicht Worte – Wörter im Sartreschen Sinne, verstanden nicht als Logos, sondern als Einzelgebilde –, zu Hilfe rufen kann doch wohl nur heißen, Vorläufer der Worte anrufen, letztlich die Synonyme von ›Mama‹ und ›Papa‹, von absoluter Anwesenheit – kein Verständigungsmittel erflehen, sondern das Verstehen selbst, um in der baumlosen, versengten Landschaft der Duras zu überleben.

Nicht die Verständigung, das Verstehen selbst auf dem
Wege des Schreibens erbitten oder anpeilen: mit diesem
Bild läßt sich das heutige Thema ›Orthopädische Wahr-
heit‹ weiter veranschaulichen. Das in der Fiktion zur
Sprache gebrachte, dem Blick des Autors entsprechende
›Wahre‹ zielt offenbar, in erster Linie, gar nicht auf den
Logos; in erster Linie zielt es auf die jeder Verständigung
vorausgehende Empathie – und bedarf folglich eines Lesens, das vor allem eins voraussetzt: Vertrauen in den
Wahrheitsgehalt der Fiktion, in die unheimliche Präsenz
des eigentlich Abwesenden, und das heißt, zum Beispiel,
in die Überlegenheit eines Textes, der, aus Sicht einer
Zeugin, vom verzweifelten Begehren einer Frau und
eines Mannes handelt, gegenüber jedem Sachbuch, sagen
wir zum Thema ›Feminismus und Perversion‹. Die Lektüre der Legenden um den eigenen Körper bedürfen, genaugenommen, des guten Willens – was Sie jetzt nicht in
Verbindung bringen sollten mit etwas Herablassendem
seitens der Leser, sondern allein, und das genau erfordert
guten Willen, mit Offenheit.

Setzen wir in diesem Hörsaal nun einmal genug guten
Willen voraus; stellen wir uns vor, der überwiegende Teil
von Ihnen, darunter auch Männer, vertraute dem Wahrheitsgehalt einer kleinen Prosa wie der eben behandelten
mehr als einem dicken Sachbuch zum gleichen Thema,
dann wären die Bedingungen für Empathie nicht schlecht,
dann ließe sich weitermachen.

Zunächst noch einmal Marguerite Duras. In einem
ebenfalls skizzenhaften Text, ›Die Krankheit Tod‹, lesen
wir ganz zu Anfang: »Am besten, Sie kennen sie gar
nicht, hätten sie irgendwo gefunden in einem Hotel, auf
einer Straße, im Zug, in einer Bar, in einem Buch, in
einem Film, in Ihnen selbst, in Ihnen, in dir, nachts, wenn

dich dein Geschlecht aufweckt und nicht weiß wohin,
wohin mit den Klagen, die es erfüllen.« Wieder geht es
um eine Paarung, um eine Paarung als Möglichkeit, jedoch so erzählt, daß wir, die Leser, ständig an den Indikativ zu glauben geneigt sind; erst am Schluß dieser kon-
zentrierten Legende um den eigenen Körper kommt die
schmerzliche und zugleich stützende Wahrheit – von
Anfang an unmerklich vor Augen geführt – zur Sprache:
»Von der ganzen Begebenheit bleiben Ihnen nur gewisse
Wörter, von ihr im Schlaf gesagt, jene Wörter, die benennen, wovon sie befallen sind: Maladie de la Mort, Krankheit Tod, Mal des Todes.«
   Und vor dem Hintergrund des ganzen Textes wissen wir auf einmal, wovon hier eigentlich so eindring-
lich, so glaubhaft erzählt wurde, vom vorgezogenen
Tod, vom Nichtliebenkönnen, und dies aus der Feder,
wie man früher, den Autor noch eher als Handwer-
ker betrachtend, sagte, für mich jedoch aus dem Mund
einer Frau – einem Mund, den wir auf jedem Foto der
Duras fest verschlossen, doch immer mit einem fei-
nen Glanz darauf sehen –, der wir, ihre Romane im Gedächtnis (ebenso wie die früheren Fotos von ihr), das
Liebenkönnen in hohem Maße zuzusprechen bereit
wären, wobei es uns nicht entgeht, daß es auf den späteren Fotos eher die Augen sind, schon an Sartre gemah-
nend, die wir als pars pro toto empfinden, von uns, den
Lesern, hinzugezogen, um die Wahrheit aus der Feder,
dem Mund, den Augen dieser Autorin, ›Maladie de la
Mort‹, ertragen zu können. Nicht der Text allein, auch
unser Wissen um den Autor, gleichgültig, wie lücken-
haft es ist, ganz besonders aber jenes projektive Geschehen, ausgelöst durch die Autorenfotos, machen die
in der Fiktion festgehaltenen, erzählten Wahrheiten als

›Orthopädische Wahrheit‹ für uns Leser erst brauchbar.

An dieser Stelle, meine Damen und Herren, wollte ich
mich nun ursprünglich kritisch mit bestimmten Autorenfotos beschäftigen, mit deren Wirkung auf mich, aber
kritisch beschäftigt mit Autorenfotos hat sich, und dem
ist eigentlich nichts hinzuzufügen, Wilhelm Genazino –
seine Arbeit heißt ›Das Bild des Autors ist der Roman
des Lesers‹, und es geht darin viel um Kafka, um die Bilder, die wir von ihm kennen; gerne hätte ich das geschrieben, habe es jedoch nicht, vermag also nur daraus
zu zitieren, wobei ich mir dann doch erlauben werde,
Genazinos Essay zwar nichts hinzuzufügen, den Text
aber als ein verdecktes Stück Prosa zu betrachten, als
aktuelles Beispiel für eine Literatur, die, äußerst leise,
eine Legende um den eigenen Körper in die Welt setzt:
eine unaussprechliche Wahrheit vor Augen führt, indem
sie von anderen, sagbaren Dingen erzählt.

Stark in Mitleidenschaft gezogen, wie ich vermute, von
Kafkas Werk, aber auch hingerissen von der Aura dieses
Autors, dem, was ein unsichtbares Leuchten auf den Bildern von Kafka erzeugt (wie wir es auch kennen von den
Bildern der Virginia Woolf und anderen großen – Reflex
unseres Erleuchtetseins von deren Werk, im Unterschied
zum Behelligtwerden), erzählt Genazino, eben verdeckt,
eine Geschichte des Sehens, auf daß man Kafka und eine
Reihe anderer Autoren, aber auch ihn selbst anders
sehe. Immer wieder hat er sich offenbar über Fotos von
Kafka gebeugt, sie als Kenner und Liebhaber von dessen Werk betrachtet, jedoch auch hinzugezogen, was
ein anderer, vor ihm, über ein Kinderbild Kafkas geschrieben hatte, Walter Benjamin. Kein einzelner sieht

alles auf einem Foto, das ihn berührt, aber: geschärft durch die Blicke der anderen und bereit zur Empathie, sehen manche eben mehr. Was dem flüchtigen Betrachter entgeht, springt Genazino, dem leidenschaftlichen Betrachter, ins Auge, und so kann er die Fotos von Kafka schließlich in zwei Sorten einteilen: »Die erste Sorte, die in der Überzahl ist, zeigt Kafka mit strengem Mittelscheitel: Auf der zweiten Sorte von Bildern, von der es nur wenige Beispiele gibt, sehen wir den Autor ohne Mittelscheitel; sie sind die freieren, die menschlicheren, privaten. Es fehlt ihnen das Erschreckte, das Panische, das fledermausartig In-die-Enge-Gedrückte, das wir von den meisten Kafka-Bildnissen kennen.«

Genazino verfolgt diese Spur auf einer Reihe von Fotos, bis nachvollziehbar wird, was dieser Mittelscheitel für ihn markiert: nämlich den Riß in Kafkas Leben zwischen Sein und Sollen – und hier würde ich es vorziehen zu sagen: zwischen dem tatsächlichen und dem gewünschten Körper –, und er bemerkt dann allgemein zum Autorenfoto: »Die Bilder des Autors erhellen … die Genese eines fremden Schreibens, sie sind aber zugleich Teil eines entstehenden privaten Leserromans, den sich der Rezipient selbst erschafft, um das Schweigen des Autors mehr und mehr zu brechen.«

Mit diesem Begriff des Leserromans, »einem Reflexionsgebilde von ganz eigenen Gnaden«, wie es heißt, hat mir Genazino ein brauchbares Werkzeug an die Hand gegeben, um das Thema dieses Abends, Orthopädische Wahrheit, aber auch das Oberthema, Legenden um den eigenen Körper, jetzt gewissermaßen von der anderen Seite aufzurollen, der Seite derjenigen, die Literatur benutzen, die mit der Legende um die eigenen Körper selbst ein Stück Legende herstellen. (Sehr gut verfolgen läßt sich dies in sogenannten Leserbriefen, deren Zustrom interessanterweise nicht mit der Neuerscheinung eines Buches einsetzt oder wächst – um eine ernüchternde Zahl zu nennen: in stürmischen Zeiten zwei pro Woche –, sondern nach Erscheinen einer Besprechung mit Foto in einem Massenblatt wie dem ›Spiegel‹. Solche Leserbriefe erscheinen mir stets als Versuche, das Schweigen des Autors zu brechen; ja sogar jene Anrufe, deren einzige Botschaft ein Atmen am anderen Ende ist, sind Versuche, Schweigen mit Schweigen zu brechen, aus der orthopädischen Wahrheit, die der Autor mit seiner Literatur zur Verfügung stellt, eine persönliche, immerwährende Wahrheit zu machen, die Prothese in ein eigenes Bein zu verwandeln, die Metapher in eine Auskunft, die Fiktion in Realität. Das alles kann sich dann zuspitzen in der Bitte um ein Autogramm, welches, eingereiht in eine ganze Sammlung, ja eine Form passiven Schreibens darstellt, eine aus aber Hunderten von Namenszügen, fremden Federn, gebastelte Legende um den eigenen, solcher Orthopädie bedürfenden Körper; es kann sich aber auch zuspitzen in einem Schlußsatz wie dem folgenden: »Ich erwarte nicht, daß Sie mir antworten, seien Sie aber gewiß, daß ich Ihr Bild vor mir sehe und an Sie denke« – also einer versteckten Drohung: Wenn du mir nicht antwortest, wenn du mir nicht eine Original-Wahrheit lieferst, mußt du damit rechnen, daß ich mir mein eigenes Bild von dir mache, daß mein Leserroman deinen Autorenroman umschreibt – mit anderen Worten: einem Einbruch der Fiktion in die Fiktion, was vielleicht auch eine gewaltige Bestätigung von Literatur ist, so gewaltig, daß ich sie als bedrohlich empfand.)

Zurück zum Lesen – als Hersteller von Literatur und
Kenner der Produktionsbedingungen, dazu bekannt mit
vielen Kolleginnen und Kollegen, verliere ich strecken-
weise die Fähigkeit zum naiven Gebrauch von Literatur;
ich nutze sie mehr als Autor denn als Leser, lasse sie nicht
auf meine Blindheit einwirken, sondern, nach Möglichkeit, nur auf die vorhandene, berufsbedingte Sehschärfe,
und unterscheide folglich auch zwischen Büchern, die
diese Sehschärfe entweder steigern oder eben nicht steigern.

Nach Möglichkeit. Immer wieder gerate ich, Gott sei
Dank, an Literatur, die mich auf das Leseerleben zu-
rückwirft, die genau auf meine Blindheit einwirkt und
schon bald den Wunsch in mir weckt, mich persönlich an den Erzähler zu wenden; seine und meine Sehschärfe kann ich in dem Fall nämlich nicht einfach miteinander vergleichen, um dann an seiner zu profitieren,
was darin liegt, daß nur *er* etwas sieht, während ich
nichts sehe: sein Buch bringt mir ein bestimmtes Sehen
überhaupt erst nahe. Und damit komme ich zu einem
weiteren Autor, der mit seinen Arbeiten Verstehen ein-
fordert, dessen erzählte Wahrheit ihm und uns nur dann
zur Stütze wird, wenn sie auf Empathie trifft; ich rede
von Josef Winkler, derzeit Stadtschreiber in Bergen
Enkheim und mir seit langem so bekannt wie unbekannt.

Josef Winkler, geboren 1953 in Kärnten, aufgewachsen als Bauernbub, brachte im selben Jahr wie ich, 79,
sein erstes Buch heraus, ›Menschenkind‹, eine frühe Bestandsaufnahme der eigenen, bis über die Pubertät hinaus währenden Sprachlosigkeit gegenüber einer bäuri-
schen Macht und Gewalt, der Macht und Gewalt des
Ackermanns, wie er den Vater nennt. ›Trotzig-radikal,

sprachbesessen‹, lesen wir im Lexikon der Weltliteratur über Josef Winkler, ich könnte nur dem Radikal zustimmen, der Trotzige schweigt oder räsoniert, und Winkler ist, wenn überhaupt, dann besessen von der Sprachlosigkeit, jener Gewalt, die ihn beinahe zerstört hätte und in die er sich, nun schon als Schriftsteller allgemein respektiert, wieder hineinbegibt; in seinem Roman ›Der Leibeigene‹, erschienen 1987, erzählt er von der Rückkehr an den Hof des Ackermanns. Winkler mutet sich hier selbst noch einmal das Äußerste zu, um die Zeit der Sprachlosigkeit – und also seiner Körperlosigkeit – wieder so lebendig werden zu lassen, daß er sie mit dem inzwischen erworbenen Handwerk zur Sprache bringen kann: ›Der Leibeigene‹ ist eine Legende um den größtmöglichen Schmerz, die eigene Nichtigkeit – jeder Satz eine Zumutung und ein Appell an das Verstehen zugleich; Winklers Arbeit an diesem Roman, an seinem Stoff, scheint mir erst vollbracht, wenn uns Leser die Erschöpfung, ja das Gekrümmtsein des Autors befällt. Anders gesagt: die Orthopädie, die sich Josef Winkler erschrieben hat, wird erst wirksam, wenn wir sie mitbenützen, die von ihm hergestellten, vielleicht nicht eben immer eleganten, aber in jeder Hinsicht körpergerechten Krücken annehmen – wenn wir ihn nicht allein damit herumziehen lassen. In einem der Zwischentexte, die den Kapiteln des ›Leibeigenen‹ wie intime, unauslöschliche Schlagzeilen vorangestellt sind, heißt es:

»Wenn ich in die Zelebrationsgewänder eines Erzministranten gekleidet über den Hof kam, wagte es der Ackermann nicht, mich zu züchtigen, sondern warf den blutbeschmierten Kalbsstrick verächtlich vor meine Beine und ging seines Weges. Heimlich trat ich an den Sarg … Zur Entrüstung der Gläubigen nahm ich am

Altar die große Hostie aus der Monstranz, hielt sie
über meine Stirn und sprach, <u>Sehet an, das ist mein Leib,
nehmet und esset ihn!</u>« – Und das daran sich anschlie-
ßende Kapitel beginnt mit den Sätzen: »Wer war es, der,
als ich ein Kind war, meinen Mund zuschraubte und die
blutigen Löcher mit Schraubenmuttern belegte? Wer
war es, der Heiligenbilder, so groß wie Lesezeichen, auf
meine Lippen klebte? An den Geruch der Hände, die
von hinten kamen und mir die Augen zuhielten, kann
ich mich noch erinnern. Und einmal schlug mir jemand
mit einer zusammengefalteten Zeitung auf den Mund.
<u>Ich suchte die Buchstaben, die von der Wucht des Schla-
ges auf den Boden gefallen sein mußten, fand sie aber
nicht.</u>«
Wer selber buchstäblich Nichts oder das Letzte ist,
wie man auch sagt, kann die Buchstaben nicht finden,
nicht sehen, nicht ordnen; erst Jahre später konnte
Winkler das, nach und nach: in dem Maße, wie er seinen
Körper für sich gewann – hier empfehle ich den Roman
›<u>Muttersprache</u>‹ –, <u>gewann er die Buchstaben, die Worte,
die Sätze, fing er allmählich an</u> zu erzählen. Er knallte
uns eben nicht, wie manche Rezensenten meinten, seinen
Schmerz, seinen Schmutz vor die Füße, sondern <u>gab all-
dem eine ›Welt‹ – ein sprachliches Erretten, das Gegenstand der vierten Lesung sein wird.</u>
Im Moment geht es eher um eine Stufe davor, um die
Frage, wie so ein langer Weg zum Erzählen im einzelnen
ausschauen kann, aber auch: wie die ›fremde‹ Wahrheit
eines Autors eigentlich hinüberwechselt in das ganz andere Bewußtsein der Leser, wie sie als ›Orthopädische
Wahrheit‹, auf die sich das andere Ich, selbst wenn sie
weh tut oder unheimlich ist, doch zu stützen vermag, genau das <u>Konkurrenzlose jedes literarischen Erzählens</u>

ausmacht; wer je einem Kind, im schon dunklen Kinderzimmer, mit einer Geschichte den Weg in den Schlaf geebnet hat, weiß vielleicht am besten, wovon die Rede ist.

Ich beginne ganz allgemein, fast mit einem Allgemeinplatz: Literarisches Erzählen bedarf enormer Geduld. Wer etwa am Anfang einer Romanarbeit schon weiß, wie die Dinge ausgehen, ist gleich verloren – Planung, Handwerk, Kalkül spielen zunächst keine Rolle; eine Rolle spielen nur der Stoff und man selbst. Die Personen, deren Beziehungen untereinander, die Geschichte mit ihrem ganz eigenen Zeitdiktat, also das Epische, wenn es denn gelingt, vor allem aber: der Erzählton, sie entwickeln sich aus dem selbstnahen Stoff.

In den oft monatelangen Schreibanläufen zu einem Roman kommt, in meinem Fall, zunächst ungebremst der eigene Mist zur Sprache – Dung für alles Folgende; den Anfang bildet ein Sturz in den eigenen Abgrund. Zur Sprache, besser gesagt, zum Zug kommt aber auch der erstaunliche Einfallsreichtum der Sprache selbst, wobei ich das letztere nicht mehr so hoch bewerte wie früher, Ende der siebziger Jahre. (In dem Zusammenhang eine kurze Anmerkung, mehr eine Personalie: Besonders Roland Barthes gab Autoren mit seinen Arbeiten das Gefühl, ein Text schreibe sich gleichsam von selbst; das der Sprache immanente Drama, vor allem der Metonymie, könne womöglich den eigenen Erfahrungsmangel ersetzen, ja, es enthalte schon die ganze Subjekthaftigkeit des Autors, dessen Status als Subjekt daher in Zweifel gezogen werden müsse, was witzigerweise ein Subjekt par exellence, nämlich ein hofierter Pariser Intellektueller, von sich gegeben hat …)

Erst in einer zweiten Phase betrachte ich, was da entstanden ist, entwickle die Geschichte weiter, die man dem entnehmen kann, und Erfahrungen mit dem Geschichtenerzählen kommen hier natürlich zugute; ein überraschender Einfall – genauer gesagt: ein Vielfall, aus den verschiedensten Regionen eigener Biografie herrührend – vermag aber auch jetzt noch den Gang der Dinge umzulenken, etwa Personen wachsen, schrumpfen oder gar sterben zu lassen. Mir den Roman indes ganz aus der Hand nehmen, was einem Aufgeben gleichkäme, kann selbst ein noch so starkes Gewitter an Ideen dann nicht mehr. Schreiben heißt: Abgrund *plus* Handwerk, das eine ohne das andere ist nichts. Und wie man sich vorstellen kann, geht diese Gleichung selten von Anfang an auf; meine ersten Texte dominierte der Abgrund. Das Handwerk kam erst nach und nach, das mühselige Lernverfahren hieß ›Trial and Error‹, und in dem Maße, wie Handwerk mir schließlich zur Verfügung stand – immer als nachträgliches Korrektiv –, begann es mich auch als Thema zu reizen, fing ich an damit zu spielen.

Beim Schreiben von ›Infanta‹ erprobte ich zum ersten Mal die Möglichkeit, sozusagen nicht alles allein zu erzählen, sondern neben dem auktorialen Erzähler noch andere, sowohl das laufende Geschehen festhaltende wie über das Narrative selbst nachdenkende Sub-Erzähler einzuschalten, nämlich zwei der alten Missionare, die über das von ihnen eingefädelte Liebesleben Buch führen. – Zu Ihrer Erinnerung: Fünf Missionare im Ruhestand auf einer abgelegenen Station, und alle empfinden für die bei ihnen aufgewachsene Haushälterin jene Art Liebe, die es notwendig macht, dieses Mädchen schleunigst unter die Haube zu bringen; und da die Burschen in dem Ort Infanta der schönen Klugen nicht das

Wasser reichen können, lotsen die alten Missionare einen
verirrten Touristen auf ihre Station. Was sie nicht wissen
können: der Mann ist Fotomodell, ein schlichter Verfüh-
rer, auf den sie selbst hereinfallen – der sich nun allerdings, zu seiner eigenen Überraschung, verliebt, und
schon haben sie die Bescherung einer leidenschaftlichen
und im Grunde unmöglichen Affaire unter ihrem Dach;
einzige Zuflucht: Sie protokollieren penibel, was sie sehen, hören und vermuten, wobei mindestens einer von
ihnen – Father Butterworth – an einen Roman denkt,
den einen Roman, den er schon sein Leben lang schreiben
wollte. Und so macht sich der ›bleiche Priester‹, wie ich
ihn nannte, eben auch über das Schreiben Gedanken –

»Was ist eine Geschichte? Wie erzählt man? Wer
spricht? Es gab so viele Fragen. Bewältigung der Zeit.
Bedeutung von Namen. Führung des Helden. Fluß der
Sprache, Gesetze der Sprache; durfte man sie beugen,
brechen? Und durfte man erfinden, lügen? Schalten und
walten mit seinen Figuren? Das alles war zu bedenken,
wenn man vom Schreiben keine verwegene Auffassung
hatte. Father Butterworth lag wach. Sein Traum vom
Alterswerk nahm Gestalt an, eine Kartei der Hauptper-
sonen war im Entstehen, ein Zettelkasten mit der Auf-
schrift opus primum et ultimum. Doch der bleiche Priester verließ sich nicht auf das Geschehen im Haus und
auch nicht auf sich selber. Er hatte viel gelesen, er hatte
Romananfänge studiert. Es geschah an einem Sommer-
morgen vor fast hundert Jahren in der Stadt Brownsville,
nahe der Mündung des Rio Grande in den Golf von Me-
xiko. Oder: Im Spätherbst des Jahres 1938 befand ich
mich auf einem Höhepunkt von Weltschmerz. Oder:
Lena sitzt am Straßenrand. Jeder Anfang konnte groß
sein; von der Theorie, im ersten Satz eines Buches müsse

der Kern des Ganzen aufblitzen, hielt er wenig. So etwas führte nur zu Gewolltem. Doch das Buch, das ihm vorschwebte, mußte sich ein Stück von selbst ergeben. Und wenn es ein Roman würde – bitte.«

Der greise Butterworth, feinsinnigster Kopf der Station, hat seine Skrupel gegenüber der Sprache; gern würde er mit der Sprache nichts als die Sprache beschreiben – denn was könnte Sprache kenntnisreicher beschreiben als sich selbst? Indirekt stellt er sich aber auch Heideggers Frage, wie man an das Wesen der Sprache rührt, ohne diese zu verletzen. Er hat darauf keine Antwort, was allein zählt, sind die Fragen; längst bin ich mir sicher: ohne einen solchen Delegierten, der meine Auseinandersetzung mit dem Werkzeug Sprache führt, wäre ein großangelegter Roman für mich nicht zu bewältigen, und so ist es auch bei dem gegenwärtigen Vorhaben: Sub-Erzähler, ich deutete es bereits an, ist der dreißigjährige Sohn des Protagonisten.

Karl will sich seinem Vater Kristian nähern, einem Mann, der sich vor fünfundzwanzig Jahren davongemacht hat; er will dies, um sich selbst näher zu kommen, und kann es nur, indem er, aus der Distanz, einen Roman dieser lebenszentralen fünfundzwanzig Kristianschen Jahre entwirft, ausgehend von dem Geschehen in einem italienischen Hotel, in dem Kristian mit Frau und Kind über seine Verhältnisse lebt; einen Roman, der genau jenes andere, Sagbare erzählt, welches die Wahrheit hinter dem Sagbaren als ›orthopädische‹ brauchbar macht – ob dies gelingen wird und wie es gelingen könnte, weiß ich noch nicht, die Erzählarbeit steckt noch zu sehr in den Anfängen; mein diskreter Erzähler hat ja gerade erst die Chance ergriffen, etwas vom gegenwärtigen Leben seines Vaters zu erfahren – und das aus erster Hand.

»Was ist eine Geschichte? Wie erzählt man? Wer spricht?«
In der Gästekammer einer Missionsstation bei Malaybalay,
Mindanao, 1985 (auf dem Tisch Agiolax, Whisky
und der Vorläufer des Laptops).

Karl steht mit Kristians Frau, Irene, telefonisch in Verbindung, er kennt Irene durch seinen Aushilfsjob in der Firma, in der sie arbeitet; so erfährt er immer wieder Details, die ihm genügen, den Vater-Roman in sich fortzuspinnen. Kristian hat, wie Irene durchblicken läßt, in dem Hotel offenbar ein Verhältnis mit einer sitzengelassenen Italienerin, Emilia – Karl stellt sich sofort eine Bettszene zwischen den beiden vor, er tut das zunächst auktorial, bis ihm Zweifel kommen; im folgenden Kapitel, aus dem Sie nun etwas hören werden, denkt Karl dann darüber nach, wobei er schnell auf sich und den fernen Vater kommt, aber nicht einmal das in der Ich-Form, er ist einfach noch nicht soweit; wiederum ein Auszug aus einer sehr vorläufigen Fassung –

»Ist nicht zur Sexualität (zwischen Mann und Frau) alles gesagt worden? Hat das Beschreiben einer Bettszene (wie die zwischen Emilia und Kristian) noch Sinn? Kann Sprache überhaupt von Lust erzählen, oder vermag sie nur wiederzugeben, was wir mit unserem Körper anstellen? Wird die Wahrheit eines durch Mark und Bein gehenden Höhepunktes (was für eine alberne, auf die Welt des Zirkus zurückgreifende Formulierung!) gefunden – wenn es denn soweit ist, wir die Augen zukneifen, stöhnen und seufzen –, oder wird sie, nachträglich, durch Worte gemacht? Über all das konnte man sich den Kopf zerbrechen, aber man konnte es auch sein lassen. Er war dieser Szene nichts schuldig, wie er ihren Akteuren nichts schuldig war. Er war nur dem etwas schuldig, was er selbst schon im Bett erlebt hatte, da zählte jedes Wort, da mußte er durch alle Worte durch; zu Kristian vorstoßen hieß sich durch Worte durchkämpfen, bis zu dem Wort Vater.«

Soweit Karl. Ich denke, sein Recherchieren ist kein

Medium zwischen sich und Kristian, es schlägt keine
Brücke zu einer unangenehmen Wahrheit (namens Kristian) außerhalb von sich, sondern dieses Nachdenken in
Erzählform, den Vater und ihn betreffend, *ist* bereits jenes Selbst, hinter dem Karl herjagt, der Ort seiner Wahrheit. Und da natürlich kein anderer als der Autor erzählt
(auch wenn, strenggenommen, viele Stimmen aus dem
Autor sprechen), die berechtigte Frage: Bin ich also
Karl? – Ja, vielleicht in meinen Wünschen; Karl erlebt
mit seinem Nachdenken, seinem Erzählen einen Durchbruch zum Künstler: je mehr er Kristian und Irene kennenlernt, desto stärker richtet sich sein Interesse auf
ihren Schmerz, und desto weniger richtet es sich auf die
Bedeutung ihres früheren und gegenwärtigen Tuns – dieser Drang zur Unbefangenheit macht ihn jung, macht
ihn beneidenswert. Karl entwickelt ein Gefühl für fremden Schmerz, das den Durchbruch zur Empathie einfach
nach sich zieht, auch weil ihm die Alternativen, Verschrobensein oder Selbstbetäubung, nicht auf den Leib
geschrieben sind: in dem Punkt besteht Verwandtschaft
mit ihm. Aber wovon erzählt er nun eigentlich?

Karl erzählt von einer Ehe, der Ehe zwischen seinem
Vater Kristian und dessen zweiter Frau – einer Ehe, die
er sich, nach allem, was er darüber in Erfahrung bringt
oder von Irene nebenbei hört, als überfeinert, als kraftlos, als dekadent vorstellt. Karl betrachtet die beiden,
gealterte Kinder der Studentenbewegung, nicht durch
deren politisch-psychologische Brille; für ihn sind sie
Spätromantiker, Geschlechts- und Generationenunterschiede verwischende, bei aller Ökologie letztlich gegen
die Natur als primitiver Natur opponierende Intellektuelle, die vor allem ihre Sexualität in den Griff zu bekommen versuchen: als Gegenstand der Selbsterfahrung und

des Intellektes. Und so erzählt Karl, daß es zwischen seinem Vater und Irene (seit neunzehn Jahren mit Kristian
liiert und in letzter Minute Mutter geworden) wegen der
Italienerin Emilia zu einer Auseinandersetzung kommt,
einer kleinen, gewöhnlichen Krise, die in keinem Punkt
originell ist, dazu kennen sich die beiden zu lange; ein-
fallsreich ist nur, was Irene, um ihrem Schmerz das Vage
und Ferne, das Unerträgliche – das ihr nichts einträgt,
das nichts bringt, wie man sagt – zu nehmen, im nächsten
Kapitel macht: Irene stellt sich nämlich vor, sie sei Zeugin von Emilias Exekution durch Kristian. Mit dem
ganzen Überraschungsschwung einer Metapher, dieses
Effekts ohne Botschaft, steigt Karl, nun wieder ganz
auktorialer Erzähler, in das delikate Kapitel ein –

»Kurz bevor Irene am anderen Morgen erwachte, sah
sie sich als Priesterin ohne Hände, aufgefordert, einer
Exekution beizuwohnen; auf der Grenze zwischen
Schlaf und Erwachen, mit einemmal sie: groß, unnahbar,
schön im Hinrichtungsraum, wo man die Italienerin auf
einen Bock gebunden hat, ihr den Kopf abzuschlagen,
und das sollte Kristian tun, mit einer gewöhnlichen Axt,
bei der ein Hieb gar nicht reichte, zweimal, dreimal
müßte er zuschlagen, ehe sie herbeikäme, den Tod festzustellen, was eigentlich Aufgabe eines Arztes wäre, aber
ein abgeschlagener Kopf hinterläßt keine Zweifel, und
mit diesem Satz schlug sie die Augen auf und sah Kristian auf dem Rücken liegen, mit seiner schweren Mor-
generektion, die Hände über der Brust gefaltet, wie immer, wenn er gewichst werden wollte, schon dieses Wort
war ihr verhaßt, einfach weil es kein besseres gab, wie
auch kein besserer Kristian in Sicht war. *Ich nicht*, sagte
sie nur und sah sich wieder, mit offenen Augen in ihren
Halbtraum zurückfallend, als Priesterin ohne Hände.«

Dieser Metapher, Priesterin ohne Hände, scheint mir ein brauchbares Werkzeug, um von Irene in dieser Aufwachsituation zu erzählen, um ihrem Wesen näherzukommen – ›Werkzeug‹ übrigens: brauchbares Bild, das, in Anwendung auf Literatur, von Wittgenstein stammt.

Aber wie verhält es sich mit Umgangssprache, mit den sogenannten Kraftworten, sind sie, an sich, brauchbare Werkzeuge des Erzählens? Irene erwacht und sieht den erregten Kristian, die Hände über der Brust gefaltet – »wie immer, wenn er gewichst werden wollte, schon dieses Wort war ihr verhaßt, einfach, weil es kein besseres gab ...«. Und eben jenes verhaßte Wort, in dem ein Wissen um das Verzweifelte, das Asoziale des Sexuellen mitschwingt, steht zweifellos dem Gebrauch anderer Worte, sagen wir, streicheln, liebkosen, entspannen, im Wege, aber es übertrumpft sie auch schlicht – warum?

Jede persönliche Geschichte dieses Vorgangs enthält ja immer auch eine Geschichte dem Alleinsein abgepreßter Lust, einer geradezu hierarchischen Unterwerfung des nach Erlösung Strebenden unter eine einzige betörende Phantasie (wie die Unterwerfung eines Autors unter eine einzige betörende Person, denken wir an Dante und Beatrice), und Irenes Haß auf dieses Wort – nicht auf dessen semantische Seite, und auch nicht auf dessen Phonetik, die allein Sache der Lippen, der Zunge, des Atems ist, sondern auf dessen Resonanz – scheint mir ein Haß zu sein auf seine unübertreffliche Konnotation: kein anderes Wort mit derselben Bedeutung verfügt über diesen Klang-Körper und ruft unwillkürlich hervor, was dieses Wort hervorruft: in dem Sinne gibt es kein besseres. Und so bleibt ihr nur übrig, dem ein völlig anders geartetes Werkzeug, das der Metapher, entgegenzusetzen. Kraftausdrücke für sich genommen sind also, vermutlich, noch keine brauchbaren Werkzeuge des Erzählens, sie lösen bestenfalls Affekte aus: gegen den Versuch des Autors, eigenes Unterworfensein an das Publikum weiterzugeben; Affekte in Form blinden Widerstands gegen einen despotischen Text – oder blöder Identifikation mit einem schreibenden Aggressor.

Wenn Marguerite Duras, wie Sie nachher hören werden, den nicht sichtbaren Teil des weiblichen Geschlechts bezeichnet, bewegt sie sich genau zwischen dem hier möglichen Kraftwort und allen eher unpräzisen, am ›Diesseits der Fakten‹ vorbeigehenden Ausdrücken; sie benützt ein starkes Wort, ein Wort, das seine Stärke ganz aus dem Zusammenhang bezieht, während der Kraftausdruck auf den Zusammenhang pfeift, vorgibt, für sich zu sprechen, uns Leser unterwirft oder eben abstößt.

Aber auch das sollte man dabei nicht vergessen: Kraftworte müssen nicht als Kraftworte daherkommen, sie können gut und gern als harmlos gelten, können jederzeit, als ›Trojanische Worte‹, in unseren Alltag eindringen. Wir leben dann mit ihnen, und es dauert seine Zeit, bis wir merken, daß sie inzwischen etwas Säuisches haben – einfach weil sie uns versaut sind. Jahrelang, zum Beispiel, hielt sich das Trojanische Wort ›Betroffenheit‹; und immer noch halten sich Ausdrücke wie ›sinnlich‹, ›faszinierend‹ oder ›kreativ‹, um nur drei zu nennen, drei Kraftausdrücke bei Kerzenschein.

Und die sprachliche Alternative? – mag man jetzt fragen. Für mich: allein das sich Aufschwingen zu einem Ton, der das zu Erzählende trägt – Aufschwingen nicht etwa im adlerhaften Sinne; eher ist es ein sich Kleinmachen, ein sprachliches sich Zurücknehmen, zu dem ich mich immer wieder aufschwingen muß, das Unter-

fliegen allzu gebräuchlicher Rede, das Unterschreiten
der versauten Sprache. Denn: Sprachlich auf der Höhe
sein – etwa von ›sinnlich‹ reden – heißt für mich: sprachlich verloren sein und also schriftstellerisch. Unsere sozusagen natürliche Gangart des Sprechens, sie führt ja
nur zum Hinschreiben, dem bloßen Reproduzieren einer Doxa, nicht aber zum Schreiben; und selbst das um-
gangssprachlich Geschriebene, es ist eben nur scheinbar
wie gesprochen, ersetzt es uns doch, sofern es als Text
überzeugt, die ganze Wirkung des Sprechakts.

Zu diesem sprachlich verloren Sein, dem schieren
Hinschreiben, will ich ein Beispiel geben, ein Beispiel
aus dem vielleicht schwierigsten Bereich des Erzählens,
dem Bereich, den man ›Erotische Literatur‹ nennt, und
hier wiederum aus dem Bereich der Kulmination aller
Schwierigkeiten, gleichbedeutend mit der Kulmination
der Lust. Das Beispiel stammt aus einem vielbesproche-
nen und vielgelesenen Roman, der das Sprechen zum
Inhalt hat: es geht darin ausschließlich um ein Telefon-
gespräch, um sogenannten Telefon-Sex, der Roman heißt
›Vox‹, erschienen 1992, der Autor: Nicholson Baker,
Amerikaner, Jahrgang 57. Ich las das Buch aus beruflicher Neugier, Sie müssen mir das einfach glauben,
wollte sehen, wie Baker die Dinge löst, und empfand
Sympathie für seine Anfangsseiten: da wird zunächst, de-
tailgenau, nur von alltäglichen Konsumartikeln gesprochen, um überhaupt erst ein Bild des anderen, unsichtbaren Fremden zu gewinnen; womit ließe sich besser das
Getrenntsein leugnen, wie ließe sich rascher dem gerade
am Telefon auftretenden ›Fading‹ begegnen, diesem be-
ständigen Kommen und Gehen des anderen, seinem
Aufgesogenwerden von akustischer Nacht. Nun hat der
Roman aber 190 Seiten, das interessante Vorgeplänkel

endet bald, immer mehr kommt der Autor zur Sache selbst; auf Seite 187 tritt dann, endlich, jene Kulmination ein, von der ich sprach – und Nicholson Baker ist, in diesem Buch jedenfalls, als Schriftsteller verloren. Ich zitiere:

›Oh, es geht los, gleich komme ich für dich, mein Schwanz pumpt in dir …‹

›Oh! Nnnnnnnnn! Nnn! Nnn! Nnn! Nnn! Nnn!‹

›Es spritzt raus. Ich kann nicht anders! Ah! Ah! Oooooooooo.‹ Eine Pause trat ein.«

Zitat Ende.

Auch wenn sich der Autor mit seinen vielen Ahs und Ohs wahrscheinlich auf der Höhe des allgemein Zutreffenden bewegt – beim Abtippen geriet ich, aus Texttreue, automatisch ins Zählen –, so ist er ›er‹-zählerisch dennoch verloren, ja, er ist es sogar erst recht; selbst hier versucht Baker noch, das ›Fading‹, Merkmal des Orgasmus: Verschwinden des anderen in seiner Lust, gleichsam rechnerisch aufzuheben.

Literatur, das ist der Sprung vom Zählen, im Sinne des Aufzählens – wie es in sämtlichen Medien geschieht –, zum Erzählen (denken Sie in dem Zusammenhang auch an das Alte Testament, das den Prozeß des Schöpferischen wiedergibt: an diesen Übergang von langen Genealogien, von reinen Namenslisten, zu Geschichten um Gestalten mit konkreten Körpern); ein Sprung, dem in der Linguistik die, soweit ich weiß, von Russell getroffene Unterscheidung zwischen dem Erwähnen eines Worts und seinem Gebrauch entspricht – Gebrauch als ein sich ereignen Lassen dessen, was das Wort bezeichnet durch die Erzählweise, den Ton – wenn es denn sein muß, zu faszinieren, anstatt dieses Kraftwort ein-

fach hinzuschreiben, womöglich noch mit Ausrufezeichen.

Es ist ein Sprung von der Gewalt, die allem Numerischen, keinerlei Spielraum Zulassenden innewohnt –
etwa dem genau achtmaligen ›O‹ –, zur Gewaltlosigkeit;
und im Vergleich der Medien ist die Literatur ja auch am
gewaltlosesten: nur bei ihr hat das Publikum für Bild und
Ton selbst die Verantwortung, eine Verantwortung, die
ich Ihnen jetzt gleich wieder aufbürden werde. Ich
sprach eben vom sich ereignen und wahr werden Lassen
durch das Erzählen, durch den Ton, zu dem ein Autor
sich – gebräuchliche Rede unterschreitend, unterflie-
gend – aufschwingt, und möchte Ihnen auch dafür ein
Beispiel geben, ein Beispiel für erzählte Gewalt;
nochmals, wie schon angekündigt, Marguerite Duras,
geboren 1914; und wiederum ihr Text ›Der Mann im
Flur‹, erschienen 1980.

»Ich sehe ihn, und ich sage ihr, daß er kommt. Daß er
sich bewegt hat, daß er aus dem Flur getreten ist …

Er ist da. Die Augen immer noch geschlossen, läßt sie
ihr Kleid los, legt ihre Arme beiderseits an ihren Körper,
in die Mulde ihrer Hüften, verändert die Spreizung ihrer
Beine, biegt sie ihm zu, damit er noch mehr von ihr sehe
als ihr aufgerissenes Geschlecht in seiner äußersten Möglichkeit, gesehen zu werden, damit er etwas anderes
ebenfalls, gleichzeitig sehe, etwas anderes von ihr, das
aus ihr hervorkommt wie ein sich erbrechender, viszera-
ler Mund.

Er wartet. Sie wendet ihr Gesicht mit den geschlosse-
nen Augen wieder in die Richtung des Schattens und
wartet ihrerseits. Dann tut er es seinerseits.

Er tut es zuerst auf den Mund. Der Strahl bricht sich
auf ihren Lippen, auf den bloßen Zähnen, bespritzt die

Augen, das Haar, und führt dann den Leib entlang hinab,
überströmt die Brüste, schon langsamer kommend. Als
er das Geschlecht erreicht, gewinnt er wieder an Kraft,
bricht sich in seiner Hitze, mischt sich in ihr Loch ein,
schäumt und versiegt dann. Die Augen der Frau öffnen
sich ein wenig, blicklos, und schließen sich wieder. Sie
sind grün.

Ich spreche zu ihr und sage ihr, was der Mann tut. Ich
sage ihr ebenfalls, was aus ihr wird. Daß sie sehe, ist das,
was ich wünsche.«

Das zu lesen fällt nicht leicht; es vorzulesen fällt noch
schwerer. Hier wird nicht über das Sehen geredet, hier
findet Sehen statt, fast übertrieben genau, ohne in der
Sache zu übertreiben. Die sehende Autorin wünscht, daß
ihre Figur sehe, daß wir sehen, und spricht an anderer
Stelle von der ›äußersten Möglichkeit, gesehen zu werden‹, und dieses zum Zerreißen Gespannte – nicht nur
des Geschlechts, der äußeren Merkmale, sondern der
ganzen Person in ihrer Geschlechtlichkeit, des Mannes
wie der Frau – wiederholt sich in der Sprache, dem Ton,
in dem Marguerite Duras die schmerzliche, fast unerträgliche Wahrheit der Gewalt *und* der Lust erzählt, so,
daß wir sie gerade noch zu lesen und sogar vorzulesen
vermögen, sie uns noch, trotz allem Boden Entziehen-
den, orthopädisch unter die Arme greift. »Ich sehe«,
heißt es zwei Seiten weiter, »daß er von Liebe und Be-
gierde erschöpft ist … daß sein Herz an der Oberfläche
seines ganzen Körpers schlägt.« Und etwas später lesen
wir, was diesen Text mit dem anderen, ›Die Krankheit
Tod‹, der Skizze des Nichtliebenkönnens, verbindet,
nämlich das nahe, aber unsichtbare Meer: »Ich weiß, daß
es jenseits von dem ist, was der Mann und die Frau sehen
können.« Und ganz am Ende ein noch deutlicheres in

Schutz Nehmen der beiden, jetzt durch die eigene Zurücknahme: »Ich sehe, daß der Mann auf der Frau liegend weint. Ich sehe von ihr nur die Bewegungslosigkeit. Ich weiß es nicht, ich weiß nichts, ich weiß nicht, ob sie schläft.«

Hier ist offenbar die Grenze des Sehens erreicht. Die Autorin hat, im besten Sinne, nichts mehr zu sagen, sie zieht sich zurück, läßt das Publikum mit Bild und Ton allein; Sehen und Hören sind jetzt an uns.

Meine Damen und Herren, Wahrheit im eben entwickelten orthopädischen Sinne, enthalten in der Fiktion und vor Augen geführt – ich wiederhole es noch einmal –, indem etwas anderes gezeigt wird, auch wenn dieses andere, wie wir gehört haben, scheinbar dicht daneben liegt, ja zur Verwechslung einlädt, macht es möglich, mehr in sich aufzunehmen vom Dasein, von der Welt, vom Leben, als einem lieb ist – sie ist eine allein vom Autor beschlossene, durch kein Mandat gestützte Dauerzumutung, gesundem Menschenverstand spottend, aus der heraus aber, fast tautologisch, meine Entschlossenheit und das Vermögen wächst, anderen mehr zuzumuten, als ihnen lieb ist; und auf das ganze Schreiben bezogen, heißt dieses sich und den Lesern viel Zumuten aus dem Zugemuteten heraus: Ich arbeite gewissermaßen mit dem *un*gesunden Menschenverstand.

Geäußert von jemand anderem, klänge mir diese Behauptung ein wenig bonmothaft, und es drängte mich, ihr auf die Finger zu klopfen. Mit dem ungesunden Menschenverstand arbeiten – worin zeigt sich das, zum Beispiel beim Schreiben an jenem Roman, der mich noch lange beschäftigen wird? Ich kann es Ihnen sagen, muß dazu aber etwas ausholen.

Im Frühsommer 93 flog ich nach Somalia; ich erhoffte
mir davon einen ähnlichen Anschub wie von meiner ersten Reise auf die vom Bürgerkrieg erschütterte Insel
Mindanao. Resultat war jedoch nur ein Tagebuch sowie,
Zufall eins, ein Leistenbruch zum richtigen Zeitpunkt.
Den ließ ich mir zu Hause operieren und war dann reif
für einen Urlaub. Nun wollte es aber Zufall zwei, daß in
dem Prospekt vertauschte Bilder waren, wir kein Haus
an einem Traumstand vorfanden, sondern ein mücken-
umschwirrtes Gebäude, flankiert von einer Raffinerie
und einer matten Lagune. Darauf suchte ich aus einem
Verzeichnis das nächste, mir genehme Hotel heraus, das
mit dem Frankfurter Konzern buchungstechnisch ko-
operiert, rief dort an und erfuhr, daß, trotz Hochsaison,
Zufall drei, noch eine Suite zur Verfügung stehe, machte
deutlich, daß ich von der Übernahme des Differenz-
betrags ausginge und war schon am folgenden Tag Gast
eines der verschwenderischsten Häuser Italiens, des
›Grand Hotel Miramare‹ bei Portofino.
Der Komfort war nicht nur groß, er war gewaltig –
von Anfang an folgte einem das Unbehagen, auf Schritt
und Tritt; der zuständige Herr in Frankfurt ließ sich ver-
leugnen, doch dafür nahm mich der Vizedirektor des
Hotels – bestimmt hatte er meinen alten Wagen gesehen – am dritten Abend beiseite, zeigte mir eine Zwi-
schenrechnung, deren Summe ich nicht nennen möchte.
Danach vergingen nur noch Stunden, bis aus der Be-
drängnis eine Grundidee wurde – eine Zufallskette
führte zu dem Ausgangsbild: Schuldlos im Luxus, Kulmination einer fast zwanzigjährigen Ehe, aus der in
letzter Minute noch ein Kind hervorgegangen ist, psy-
chisches und jetzt eben auch materielles über die Verhältnisse Leben. Plötzlich war da ein Faden, an dem ent-

lang sich eine Reihe von Perlen aufziehen ließen, die
schon lange herumgelegen waren, wobei ich nach wie
vor nicht weiß, wohin dieser Faden führt.

Diese Perlen sind natürlich die Personen, die wichtig-
sten kennen Sie bereits. Da ist Kristian, der Protagonist,
Sproß der freudo-marxistischen Bildungs- und Bezie-
hungswirren der siebziger Jahre, ein spätes Kind Rous-
seaus, dekadent, ohne sich dies einzugestehen, ein
Durchblicker in den eigenen Augen, der in Wahrheit ein
Blicker ist, promovierter Zuschauer mit beruflicher Ni-
sche, Autor von Stadtführern für Leute, die allein verrei-
sen. Zwei der Bändchen sind schon erschienen, ›Fallers
Stadtführer für Alleinreisende, Lissabon‹, ›Fallers Stadtführer für Alleinreisende, Rom‹, und da wäre also auch
gleich der Familienname, *Faller*, ein einfacher, in der Gegend um den Freiburger Schauinsland häufig, aber nicht
zu häufig vorkommender Name; es war sehr hilfreich,
ihn gefunden zu haben, bis ich im Zahnarztwartezimmer
eine Illustrierte aufschlug, von einer neuen Feierabend-
serie las, im Schwarzwald angesiedelt, ›Die Fallers‹, und
schon war der schöne Name zuschanden, ja mit dieser
Fernsehserie gestorben, auch wenn ihn Kristian, sozusagen heimlich, noch eine Zeitlang tragen wird. *Faller* paßt
einfach zu einem, der nicht ohne dringenden Grund über
seinen Schatten springt, zu diesem Unbequemen, der nie
von sich behaupten würde, er sei unbequem, und allen
mißtraut, die so von sich reden, den Müttersöhnchen, die
nur auf den Putz hauen; im Unterschied zu ihnen *ist* er
unbequem, kann es sich nicht bequem machen, obwohl
er es gern würde. Sein Hauptziel: Erträglich leben, sich
von Beschreibungen befreien, die andere auf ihn angewandt haben und anwenden; und ausgerechnet ihn be-
schreibt, aus der Distanz, sein einst im Stich gelassener,

jetzt dreißigjähriger Sohn Karl. Zwei Helden, ein Autor; ich bin nicht Kristian, aber der erlebt meinen Alptraum, und ich bin nicht Karl, aber Karl fügt Kristian meinen Wunschtraum zu; so gespalten, läßt es sich schreiben.

Das eine oder andere scheint also schon festzustehen, das heißt, es kann sich auch über Nacht wieder ändern – nach eineinhalb Jahren Arbeit jedenfalls ein schwankendes Zwischenergebnis, und wer mit gesundem Menschenverstand seinem Broterwerb nachgeht, der müßte hier wohl aufhören. Angebracht darum die Frage: Was will ich mit diesem Roman?

Ich glaube, mich interessieren die Wirkungen der vergangenen dreißig Jahre auf die nach dem Krieg hier aufgewachsenen Durchschnittsintellektuellen, ihr Verhaftetsein in einer bestimmten Denk- und Gefühlstradition, die sie nicht wahrhaben wollen, ja vielleicht nicht einmal kennen, ihr hin und her gerissen Sein zwischen solcher Tradition (auch vermittelt in Hörsälen wie diesem, unter Lichtverhältnissen wie diesen) und den narzißtischen Offerten der Gegenwart, kurz: Emanzipation innerhalb eines Korsetts, welches selbst nicht Gegenstand des emanzipatorischen Strebens ist.

Was davon später übrig bleibt, ich weiß es nicht; ich weiß nur, daß davon auf keinen Fall in der Ich-Form erzählt werden sollte. Ein einziges Klagen und Aufrechnen käme dabei heraus, eine deutsche Kleinlichkeit, das Kleben an den Details, den Nippes dieser Jahre – was mir fehlte, war einer, dem das alles egal ist und doch, indirekt, berührt, und so hatte ich plötzlich, während eines Spaziergangs auf dem Schauinsland, wo die Fallers daheim sind, einen Einfall, wobei ich auch jederzeit bereit wäre, von Zufall vier zu sprechen: Ich stellte mir da vor, eben einen, jenen dreißigjährigen Sohn zu haben, gezeugt in dem kleinen Kloster auf einem der Hügel Roms, das ich beim letzten Mal, in Verbindung mit dem Buchstaben X, erwähnt habe, einen Sohn, den ich, völlig überfordert, samt der jungen Mutter verließ und der heute, nachdem er, sagen wir, Medienwissenschaften studiert hat und also arbeitslos ist, wissen will, wer ihm dieses Leben eingebrockt hat, angeregt unter Umständen durch einen Fund auf dem Flohmarkt: sämtlicher von seinem Vater zu einem Spottpreis weggegebener Bücher aus den siebziger Jahren, gespickt mit Zetteln und Anmerkungen; Aberhunderte von Raubdrucken und sonstwie geklaute Werke des Neo-Marxismus und der Neo-Psychoanalyse, der schwarzen Pädagogik, sowjetischen Linguistik und amerikanischen Selbsterfahrung, bis hin zur Lehre vom Urschrei und jenen rätselhaften Werken geiler Franzosen, die die Dinge, am Ende, erneut auf den Kopf stellten …

Karl durchforstet diese ganze Bildungs-Schlacke und macht sich die Gedanken, die sich sein Vater, der all das nur verschlang, nie gemacht hatte – so wie auch wir uns oft die Gedanken unserer Väter gemacht haben; über die eigene Generation, ich bin sicher, vermag frühestens die nachfolgende einigermaßen gelassen zu urteilen. Karl ist meine Zeitmaschine. Er erzeugt die Zeitspanne in dem Roman, das Epische, das heute, im Delirium des Banalen, über das ich in der ersten Vorlesung sprach, wohl zum Bedrohtesten der Literatur zählt; und natürlich garantiert er auch dem Publikum, das ja immer und mit recht wissen möchte, was mit dem Helden geschieht, und nicht, wie es dem Autor ergeht, die Leselust. Karl ist in jeder Hinsicht meine Krücke, mein Behelf, um schmerzliche Wahrheit als eine zugleich orthopädische überhaupt, erzählend, plazieren zu können; er ist meine Legende, während Kristian mein Körper ist.

Ich komme zum Schluß, meine Damen und Herren.
Das Wort Bedrohung ist eben gefallen – Bedrohung des
Epischen in der Literatur –, und das erlaubt mir einen
kurzen Ausblick auf das nächste Mal. Um das atemlos
Schnellebige, das Delirium des Banalen und dessen Kon-
sequenzen für das Erzählen wird es dann nämlich gehen,
›Schreiben und Narzißmus‹ heißt ja das Thema, und dar-
unter fällt: Schreiben, bedrängt und provoziert von den
Angeboten der Gegenwart; Schreiben unter der All-
macht der Medien; Schreiben vor dem Hintergrund von
Kritik und deutschem Kulturbetrieb.

Enden möchte ich nun, wie beim letzten Mal, mit
einem Gedicht, dem zweiten der beiden brauchbaren; es
entstand vor der Geburt meines Sohnes, im Februar 88,
und natürlich geht es auch darin um den Körper: um
meinen wie seinen.

> Angst, mir werde das Herz nicht weiter
> wenn ich dich sähe, wäre ich blind
> Angst, ich sei vielleicht jener Reiter
> der zu späte durch Nacht und Wind.
>
> Furcht, du könntest sachte sterben
> sachte mir zwischen den Fingern zerrinnen
> Furcht, du könntest seltsam werden
> auf Umwegen nur Menschen Liebe gewinnen.

III
Schreiben und Narzißmus

Ein weiterer Schreib-Ort

Guten Abend, meine Damen und Herren – das Thema dieser dritten, wiederum ausgedehnten Stunde, nämlich ›Schreiben und Narzißmus‹, stellt für den Vortragenden eine einzige Falle dar. Je beredter er über seinen Gegenstand spricht, desto mehr läuft er Gefahr, wesentliche Eigenarten des Gegenstands gleich hier vorzuführen, und in dem Maße, wie er auch dieses ins Schleudern Geraten, mehr oder weniger geschickt, zum Gegenstand der Rede macht, wird der Fleck, an dem er reibt, nur um so glänzender. Und dabei nützte es auch nichts, weiterhin der ersten Person Singular auszuweichen, nur vom Vortragenden zu sprechen: das wäre reine Maskerade, ein Narzißmus de luxe oder von Amts wegen, wie der des Politikers. Was bleibt also übrig, wenn man der Auffassung ist, Poetologie *ohne* eine Auseinandersetzung mit dem Narzißmus sei unvollständig, wenn nicht geschummelt? Es bleibt nur ein Trotzdem; beginnen wir am besten mit einer Äußerung jenes Dreißigjährigen, den Sie als stillen Erzähler des Romans, an dem ich arbeite, inzwischen schon kennen.

»Der Begriff des Narzißmus«, schreibt Karl, meine Legende, in einem Brief an seine Mutter Reni, »war ja für eine ganze Generation, nämlich Kristians und Deine, das Rettungswort, um alles, was im Grunde für sich sprach, als Verhängnis erscheinen zu lassen; auch die größte Selbstbesessenheit ließ sich damit, bei Bedarf, auf eine so frühe und unzugängliche Störung zurückführen, daß jeder Einwand dagegen unmöglich wurde, ja von einen Ungeist zeugte, wie bei der Generation zuvor, die sich Massenerlebnis und Krieg als Verhängnis zurechtgelegt

hatte. Euer Begriff des Narzißmus war Losung und Freibrief in einem, auch wenn jemand wie Du davon kaum
Gebrauch gemacht hat. Während Kristian sich selbst ins
Leben rief, hast Du Dich selbst gesucht, bestenfalls
selbst verteidigt. Du hattest (vermutlich) immer das Gefühl eines Frevels, sobald Du von Deinem Narzißmus
sprachst, während er das Gefühl hatte, mit diesem Wort
eine umfassende, ihn von jeder Verantwortung befrei-
ende Erklärung zu liefern ...« Ende des Zitats aus einer
vorläufigen Fassung.

Karl schreibt diesen Brief natürlich nicht selbstlos,
warum auch; nie aber würde er den Begriff des Narzißmus heranziehen, um daraus einen Freibrief zu machen. Er ahnt wohl, daß die Balance unserer frühen
Selbstliebe durch unvermeidliche Begrenzungen mütter-
licher Fürsorge gestört wird; und er ahnt vielleicht auch,
daß die zu Bruch gegangene Vollkommenheit nur durch
die Errichtung eines grandiosen, exhibitionistischen Bildes von sich selbst wettgemacht werden kann, verbunden mit der Verschiebung dieser Vollkommenheit auf ein
bewundertes allmächtiges Übergangs- oder auch Selbst-
objekt, in seinem Fall zunächst Reni, dann vorübergehend Kristian, und als dieser verschwunden war, wieder
die Mutter – Karl idealisiert sie, und ich denke, er ahnt
sogar, daß seine jetzige Auseinandersetzung mit Kristian
ein Weg zum sekundären, populär ausgedrückt *gesunden*
Narzißmus ist, aber: er operiert damit nicht. Operiert
habe ich jetzt damit, um auf diese Weise den Kern jener
Theorie zu skizzieren, die wir mit dem Begriff des Narzißmus, besonders der narzißtischen Störung, heute ver-
binden. Ich wollte das erledigen, um auf eine menschliche Grundlage zu diesem Begriff zu kommen: unsere
ganz gewöhnliche Eitelkeit.

»Ohne die Eitelkeit, meine Damen und Herren, wären
wir alle friedliche Säuger, mit ihr sind wir unersättliche
Menschen.« Das sagt der Ansager einer Stripteasenummer in einem Monodrama, das ich 1993, angeregt durch
eine erotische Indifferenz in der Bar des berühmten, aber
eben nicht berüchtigten Frankfurter Tiger-Palasts, schrieb
und Ihnen bei unserer fünften und letzten Veranstaltung
vortragen werde. ›Der Ansager einer Stripteasenummer
gibt nicht auf‹ ist Titel und Inhaltsangabe in einem, ein
Titel, der im Grunde meine Situation als Autor kenn-
zeichnet und mitten in das Thema dieses Abends führt.
    Der Autor, die Autorin, sie können nicht zeigen, was
sie eigentlich zeigen möchten, sich selbst, ihre Nacktheit;
sie wissen oder spüren, daß diese Nacktheit unannehm-
bar ist, geben aber die Hoffnung nicht auf, daß wenigstens eine Legende darum auf Verstehen trifft. Die Rede
ist hier nicht von der Nacktheit an der Kiesgrube, die
Rede ist vom namenlosen, aus einem Mangel an körper-
lichem Sein herrührenden Schmerz, Teil jener Wahrheit,
die nur als ›orthopädische‹ nahegebracht werden kann,
wie beim letzten Mal dargestellt wurde – einer Wahrheit,
die zu sagen selbst für eine unerschrockene Autorin wie
Virginia Woolf zur nicht lösbaren Aufgabe wurde; in ›A
room for one's own‹ finden wir die Stelle: »Dies waren
zwei der Abenteuer meines beruflichen Lebens. Das erste – den Engel im Haus zu töten – habe ich gelöst,
glaube ich … Aber das zweite, die Wahrheit über meine
Erfahrung als Körper zu sagen, habe ich, glaube ich,
nicht gelöst.«
    Die Wahrheit über die Erfahrung als Körper – sie wird
von dem Ansager einer Stripteasenummer, der nicht auf-
gibt, ständig umkreist und wohl nie ganz erreicht; denn
all sein Reden produziert gleichzeitig Wahrheit *und* Un-

»Ohne die Eitelkeit wären wir alle friedliche Säuger, mit ihr sind wir
unersättliche Menschen.« (Das Kind mit der Mutter, Dem Ömchen
und der Schwester Des Ömchens samt Hunden.)

wahrheit über seine Erfahrung als Körper, also immer auch eine Legende *zum* eigenen Körper, eine Legende, die sich noch in der Anstrengung, sie zu zerstören, fortsetzt. Darin genau liegt sein Dilemma, und darin liegt mein Dilemma: daß der Narzißmus immer blinder Passagier ist; ich mußte das als Autor mehrfach ausbaden, dazu drei Beispiele aus sechzehn Berufsjahren.

1978, nachdem mein erster Vertrag unterschrieben war, bat mich der Verlag um ein Foto, ein an sich harmloser, sozusagen erkennungsdienstlicher Vorgang – nicht jedoch für mich oder, um mich hier in Schutz zu nehmen, nicht für jemanden, der im Begriff ist, seine Intimität zu veröffentlichen. Was für ein Foto müßte das sein? Wie muß man als junger Schriftsteller aussehen? Grimmig? Verrückt? Heruntergekommen? Oder eher nichtssagend, um nur den Text wirken zu lassen; ja, wäre es vielleicht das beste, gar kein Foto herauszurücken oder höchstens ein verschwommenes, als sei man verschollen? Und dann die Accessoires – mit Zigarette, ohne Zigarette, falls aber mit Zigarette, filterlos? Und mit Brille, ohne Brille, mit Schreibzeug, ohne Schreibzeug –; ferner das Problem des Hintergrunds: Bücher; ein Baum; eine Mauer? Industrieschrott? Und überhaupt: Schnappschuß oder Kunstwerk? Der Schriftsteller, der es haßt, fotografiert zu werden, oder der es souverän über sich ergehen läßt? Fragen über Fragen, und ich glaube, ein Essay wie der von Genazino, Sie erinnern sich, hätte alles noch schlimmer gemacht, die dumpfe Ahnung bestätigt, daß jedes Bild des Autors Romane auf seiten der Leser in Gang setzt. Tief in der Nacht – ich hatte mich für *übernächtigt* entschieden – betrat ich schließlich eine entlegene Fotokabine und drückte auf die Taste Porträt. Damals kostete das noch vier Mark,

»Wie muß man als Schriftsteller aussehen?«
(Beim Zeichnen, unter einer Zeichnung des Vaters.)

und meine zwanzig Markstücke reichten nicht aus; in der nächsten Nacht zog ich schon wieder an den unterirdischen Ort, und erst einer der letzten Versuche kam dann meiner Vorstellung von einem jungen Schriftsteller nahe genug, um das Foto dem Verlag zur Verfügung zu stellen, wo es nur einmal Verwendung fand. Es war zu dunkel.

Sie sehen an dieser Geschichte, daß jene Eigenschaft, die man im allgemeinen narzißtisch nennt, ein bedauernswerter, durch die Welt der Literatur und hier besonders durch den Kulturbetrieb, auf den ich nachher noch komme, ins Groteske gesteigerter Zustand ist, bis zum Paroxysmus reichend.

Nun Beispiel zwei, kleiner Sprung – Frühjahr 79, ein Erstlingsstück, ›Das Kind oder die Vernichtung von Neuseeland‹, wird in Saarbrücken uraufgeführt, und der Dramaturg hat sich einfallen lassen, den Namen des Autors auf ein Transparent zu schreiben, das quer über die Front des Theaters gespannt wurde, eines Nazi-Baus mit gewaltiger Fassade, und da steht dann also, Wochen lang, in großen makellosen Buchstaben *Bodo Kirchhoff*, während Bodo Kirchhoff, eher *mit* Makeln, auf dem Platz vor dem Staatstheater steht, davon überzeugt, einen bedeutenden Dramatiker zu verkörpern – es schien mir tatsächlich, als sei ich eins mit mir, mit meinem Körper, als sei die Arbeit, das Legendenbilden, das ich noch immer betreibe, schon vollbracht; ich blickte gleichsam auf mich selbst zurück und hatte damit – vorübergehend – jenen Gemüts- und Geisteszustand des Euphorisiertseins erreicht, wie ihn der Neuling im Schreibgewerbe, noch blind für den Alptraum, auch auf der Buchmesse erlebt, eines dann im Laufe der achtziger Jahre gesellschaftsfähig gewordenen Größenwahns, für multimediale Rezensenten heute viel typischer als für uns Autoren.

Beispiel Nummer drei – es fällt in die Zeit meines sogenannten Erfolges, und ich trage es am besten in Form einer Frage an Sie heran: Ist es eitler, der Aufforderung, jenen berühmten, mit Marcel Proust in Verbindung gebrachten FAZ-Fragebogen zu beantworten, nachzukommen, oder sich, sei es durch ein einfaches Nein, sei es durch umständliche Begründungen, warum man das nicht könne, über solch eine Selbstdarstellung erhaben zu zeigen? Eine sehr schwere Frage, meine Damen und Herren, ich vermute, sie rührt an das Wesen eines jeden – an ihr scheiden sich nicht nur die Geister, an ihr scheiden sich die Herzen; und äußerst interessant wäre es darum jetzt, Sie durch Handzeichen darüber abstimmen zu lassen, wie ich mich wohl verhalten habe, Sie also in diesen Sumpf der Eitelkeit – denn wer formulierte nicht Tage und Nächte lang an seinen weisen oder witzig-spontanen, anspielungsreich-sensiblen oder schnoddrigen Selbstauskünften – mit hineinzuziehen, was ich Ihnen ersparen will. Ich war *so* eitel, daß ich diesen Bogen nicht ausgefüllt habe, oder vornehmer ausgedrückt: ich wollte einen ganz anderen Bogen – den in mir – nicht überspannen.

Narzißmus – im Dritten Buch der Metamorphosen erzählt Ovid von der Geburt des Narziß aus dem Wasser, einem von nichts getrübten, lauteren Quell: »Hier einst ruhte der Knabe, von Jagdlust müd' und Erhitzung,/ Hingestreckt …/ Während den Durst zu löschen er strebt, wächst anderer Durst nach./ Während er trinkt, von dem Bild gesehener Reize bezaubert,/ Liebet er nichtigen Trug …/ Selber staunt er sich an, unbewegt in einerlei Stellung/ Haftet er, wie ein Gebild aus parischem Marmor gemeißelt./ Gierig schaut er, im Grase gelehnt, zwei Sterne, die Augen .../ Sich verlanget der Tor; und der Lobende ist der Gelobte .../ Oftmals naht' er umsonst dem täuschenden Borne mit Küssen;/ Oftmals mitten hinein, den gesehenen Hals zu umfangen,/ Taucht' er die Arm in die Quell' und haschte sich nicht in dem Quelle .../ Und derselbige Wahn, der sie anlockt, täuschet die Augen./ Was, Leichtgläubiger, fängst du umsonst ein entfliehendes Gleichnis?/ Nirgends ist, was du begehrst ...«

Soweit Ovid, leicht gekürzt, soviel zur Vorgeschichte; und auch in dem Fall bedarf es wieder – ich sagte es beim letzten Mal – des Vertrauens in den Wahrheitsgehalt der Fiktion, Ihres guten Willens: So war das mit dem Knaben Narziß; so ist das mit dem Narzißmus – ›Nirgends ist, was du begehrst‹, selbst im noch so geistreich ausgefüllten Fragebogen der FAZ nicht. Wir nennen unsere Lieblingsblume und sind, im Handumdrehen, selbst die Genannten. Diesen scheinbar harmlosen Bogen ausfüllen bedeutet: Schreiben en miniature, mit sämtlichen Eitelkeitsfallen des Schreibens.

Dem liegt natürlich eine Prämisse zugrunde – eine einzige; Schreiben heißt immer: in jenes Wasser greifen, in welchem man sich zu sehen glaubt und diesem ›nichtigen Trug‹, unter den gegebenen Umständen, etwas Wahres entreißen. Schriftsteller leben ganz zwangsläufig mit der Gefahr, sich zu verfallen, aus dem für ihre Arbeit notwendigen Selbstgebrauch einen Selbstmißbrauch zu machen; aber sind sie deshalb gleich Narzißten, im landläufigen Sinne? Ich denke, nein. Keine Autorin, wenn sie sich ernst nimmt, kein Autor, wenn er sich ernst nimmt – ernst, nicht wichtig –, schreibt über die eigenen Schoko-

»Nirgends ist, was du begehrst ...«
(Ein weiteres der hundert Bilder.)

ladenseiten; dagegen schreiben alle, sofern sie's denn tun, über eigene Schwächen nach Kräften gut.

Und jetzt, meine Damen und Herren, ist Vorsicht geboten, um nicht in den Ton gelehrter Sonntagsreden zu fallen; das Thema Schreiben und Narzißmus ist, wie gesagt, eine einzige Falle, höchstens durch Selbstkommentare kann man ihr ausweichen, bis zu einem gewissen Grad, dann schnappt sie auch dort zu; trotzdem einige Bemerkungen zum Gelehrten und Sonntäglichen.

Schriftsteller sind ja heute im allgemeinen keine Gelehrten mehr, nicht nur weil das Wissen erdrückend geworden ist und von Spezialisten verwaltet wird, sondern auch weil sich der Anschein des Gelehrten, mit dem Weltgeist eng Verbundenen – denken wir an Thomas Mann – kaum mehr herstellen läßt. Noch in den fünfziger Jahren besaßen Schriftsteller offenbar eine Autorität, daß man ihr Arbeitszimmer nicht zu betreten wagte; auf die Art wurden sie tatsächlich Gelehrte. Heutzutage lassen sie das Fernsehen vor ihrem Schreibtisch Scheinwerfer aufbauen und legen dem Publikum durch das Aufblättern ihrer Lebensgeschichte nahe, doch so wie sie gegen den Strom zu schwimmen. Aus eher zimperlichen Gelehrten sind telegene Prediger geworden, im Begriff, den Strom umzulenken; wenn es einen Vater Rhein der professionellen Mahner gäbe, flösse er wohl längst Richtung Alpen: Denn wer möchte nicht Schwimmer gegen den Strom sein, vor allem wenn man sanft stromaufwärts treibt? Ich fürchte, was meine Zeit betrifft, daß die Schriftsteller als glaubhafte Mahner ebenso ausgespielt haben wie die Schriftsteller als glaubhafte Gelehrte und Weltdeuter – beide Felder werden heute von Moderatoren besetzt, die wie Mahner und Weltdeuter aussehen; bliebe nur das Feld der Unterhaltung, und wie mir

scheint, hinken wir auch da bereits hinterher; oder was
ist denn schon, frage ich hier, ein Roman gegen eine Ge-
sprächsrunde *über* Romane?

Sie werden es gemerkt haben, meine Damen und Herren,
das Thema Schreiben und Narzißmus läßt sich heute
ohne einen Blick auf das Nichtssagende, das allen etwas
sagt und so den Sturz ins Unterschiedslose provoziert,
also auf die Medien und deren Allgegenwart, oder sagen
wir gleich: auf die Medienallmacht und damit auch die
Kritik, die in den Medien endlich ihr Sonnenplätzchen
gefunden hat, gar nicht erörtern.
   Der Fernsehkritiker, die Fernsehkritikerin bestimmen
heute mit ihrem Rezensionsgeplaudere, gleichgültig wie
fundiert oder nicht fundiert es ist, das öffentliche Bild
vom Schriftsteller; zu den Studien für diese Vorlesung
gehörte es, derartige Sendungen mehrfach bis zum Ende
anzuschauen (was mein Honorar zum Schmerzensgeld
machte), und immer wieder entstand dabei dieser Eindruck moderner Salonrollen: nämlich Gesellschaftsfigu-
ren, vergleichbar denen aus Oscar Wildes Meisterwerk
›Bunbury, oder ernst muß man sein‹, vor sich zu haben;
sie alle könnten, wie Jack, sagen: »Ich habe die Absicht,
mich zu entwickeln, in vielerlei Hinsicht.«
   Nun, das Fernsehen bietet ihnen dazu den Rahmen,
unsere Bücher sind die Requisiten. Und das Publikum,
so hört man, es liebt diese Salonstücke; ›von Jagdlust
müd' und Erhitzung‹, schaut es wie Narziß auf den lauteren Bildschirm, und aus der Imagination, die von Literatur, unter geeigneten Umständen, sagen wir: lesend,
ausgeht, wird Halluzination. Aber man ist dabei, und die
Bistro-Tische, übliche Kulisse für Literatursalons, lassen
die Verkabelung als Boulevard erscheinen. »Der öffent-

liche Raum ist«, wie Paul Virilio bemerkt, »durch das öffentliche Bild ersetzt worden«, und hier kann man wohl ergänzen: die Literatur wird für viele schon ersetzt durch das Bild *von* der Literatur.

Das Fernsehen, um wieder zum Hauptthema zu kommen, ist das Gegenteil einer Legende um den eigenen Körper, eines befreienden Artefakts – es ist ein lähmendes Artefakt, ein Spiegel, der uns nicht das eigene Bild vorhält, sondern uns ein fremdes als Identifikationsfraß vorwirft. Zugunsten weniger, die sich im Fernsehen ständig zeigen (um sich in vielerlei Hinsicht zu entwickeln), raubt es der großen Mehrheit die Räume für den Narzißmus; was bleibt, ist die berühmte Identifikation mit dem Aggressor. Sieht mein Sohn am Abend noch fern, kann er nicht einschlafen; bekommt er aber eine Geschichte erzählt, findet er den Frieden mit sich selbst, der offenbar nötig ist, um sich dem Schlaf anzuvertrauen – nämlich fest daran zu glauben, daß man auch wieder aufwacht.

Frieden mit sich selbst, sagte ich, nicht Selbstzufriedenheit, und dieser Frieden, der nie lange hält, ist für mich gleichbedeutend mit dem Narzißmus, der sich mit dem Schreiben notwendig verbindet; auch jenes eine, zu dunkle Foto, das ich schließlich dem Verlag gab, stellte nur diesen vorübergehenden Friedensschluß mit mir selbst dar, was ich auch von meinen Büchern behaupte. Dieser Frieden, er wackelt, ständig den Verführungen durch die Möglichkeit der Selbstzufriedenheit ausgesetzt; im Grunde der dauernde Kampf um den unerschrockenen Blick auf sich selbst – den Blick, mit dem ich der ganzen Nichtigkeit meiner narzißtischen Anmaßung ins Gesicht zu sehen vermag; den Blick, der einem das Ergriffensein gestattet, einen gern die Gering-

schätzung auf sich nehmen läßt, mit der das Pathos über-
häuft wird – und damit aber auch dauernder Kampf
gegen die Klischees, an denen ich hänge, ja die ich, oft
wie ein Anfänger, verteidige, wenn man mich auf sie
hinweist, verteidige mit dem weitverbreiteten, feierlich
vorgebrachten Argument: ›Aber genau so hab ich's erlebt!‹

Eine der wesentlichen Schwierigkeiten des Schreibens
liegt offenbar darin, aus dem, was wir erlebt haben, eine
Auswahl zu treffen. Der Schriftsteller mit seinem sozusagen berufsbedingten Narzißmus sieht sich gezwun-
gen, einen Teil seines Lebens, womöglich den größten,
als nicht mitteilenswert einzustufen, diese Kränkung
hinzunehmen: letztlich den eigenen Körper, weitgehend,
verhüllt zu lassen. Dadurch steht man als Autor jedoch
vor dem Problem, ein beträchtliches Stück gelebten Lebens anhäufen zu müssen, um schließlich den einen oder
anderen Strang herauslösen zu können, der es vielleicht
immer noch nicht wert ist, originalgetreu mitgeteilt zu
werden, sich aber als Gerüst für eine Geschichte eignet,
ein Gerüst, das später, wie bei Bauwerken üblich, wieder
verschwindet, zweite Kränkung. Und das heißt: Wer
nicht seine ganze Liebe, meinetwegen auch seinen ganzen Haß, ins Erzählen selbst legt, in eine Sorgfalt des
Schreibens, wird nie darüber hinauskommen, die Leser
mehr oder weniger zu belästigen, einfach nur Dampf ab-
zulassen, womit keineswegs gesagt ist, daß Literatur
nicht lästig sein soll, im Gegenteil: ohne die immer
irgendwem lästige, private Zwangsvorstellung scheint mir
Literatur undenkbar; nur sie kann überraschende Meta-
phern, wie etwa die des Panthers, der dem Hungerkünstler folgte, hervorbringen, Machtvolles ohne Gewalt.

Literatur, ich wiederhole mich, ist von all unseren Medien das gewaltloseste – seit einiger Zeit befindet sich in dem Haus, in dem ich schreibe, im Parterre ein Videoladen; ich verfolgte eine Weile, wer dort ein- und ausging und welche Geschichten sich die Leute nach Hause nahmen. Mit Einzelheiten möchte ich Sie jetzt nicht langweilen, darum nur ein Gesamteindruck: Der vorhin zwar nicht erwähnte, jedoch gemeinte ›Primäre Narzißmus‹ – gestatten Sie mir einmal einen richtig schönen Begriff –, also die Errichtung des grandiosen Selbstbildes, unterstützt durch grandiose Selbstobjekte, ist offenbar der Freizeitzustand des durchschnittlichen Erwachsenen, und jener Narzißmus eines provisorischen Friedens mit sich selbst, wie ihn die Schriftsteller in Sprache umzusetzen pflegen, unterscheidet sich von dem erstgenannten wie mein betagter Personenkraftwagen von den weißen und schwarzen Jeeps, die gewöhnlich vor dem Videoladen parken. Was Literatur so zu bieten hat, fiele dort hundertprozentig durch. Aber ich will hier gar nicht die Fahrer weißer und schwarzer Jeeps verunglimpfen; welche Chance hat ein Roman – deutschsprachig und unter die Rubrik Gegenwartsliteratur fallend – denn bei denen, die spätabends vor der Wahl stehen, das ›Literarische Quartett‹ zu verfolgen oder statt dessen eben diesen Roman zu lesen?

Wir alle kennen die Antwort; nur: warum fällt sie so eindeutig aus? Eine knifflige Frage. Als Befangener zögere ich, ihr nachzugehen, und führe deshalb erst einmal ein Gegenbeispiel an. Dabei handelt es sich um eins der mir nahestehendsten Bücher, erschienen 1937. Der Anfang lautet so: »Ich hatte eine Farm in Afrika am Fuße der Ngongberge.« Ein Auftakt, der in einfacher Form schon alles enthält, was Tania Blixen uns in ihrem Ro-

man auf fünfhundert Seiten vor Augen führt, nämlich die
Vergänglichkeit, indem sie uns etwas anderes zeigt, nämlich ihr Leben als Farmerin. Ein erster Satz, in dem
Wahrheits- und Sachgehalt völlig identisch sind, der
einen Ton anschlägt, hinter den die Autorin das ganze
Buch über nicht zurückfällt; und obwohl ich mit dem
Sachgehalt, Farmerinnenleben in Afrika vor sechzig Jahren, nicht das geringste zu tun habe, ist die Geschichte
dadurch, in des Wortes bestem Sinn, für mich interessant.

Bei den meisten deutschsprachigen Gegenwartsroma-
nen verhält es sich nun genau umgekehrt: Da will man
uns, mit allen Mitteln, eine Geschichte, ein Klima, einen
Ton als unsere Geschichte oder das Klima heutiger
Großstädte oder den Ton zeitgemäßer Frauen verkaufen
und stimmt folglich alles auf Wiedererkennung ab, was
den Wahrheitsgehalt, das einzige, das uns berühren kann,
verschwinden läßt – die Farben der Geschichte legen ihn
nicht frei, sondern verdecken ihn; die Geschichte selbst
und die Sprache dazu sind nicht möglichst durchsichtig,
sondern möglichst authentisch. Und so steht dann da
etwas, das, sagen wir, traurig sein soll, doch keiner ist
auch nur versucht zu weinen, und etwas, das lustig sein
soll, doch niemand bricht in Gelächter aus; und wäre
nicht auch, wenn wir vom Lieben erzählt haben und alle
bleiben gelassen, ja kühl, zu fragen, ob da wohl vielleicht
etwas fehlt?

Ich denke schon, meine Damen und Herren. Nur:
können solche Romane, deren Lektüre einen weinen
und lachen läßt, über die Nacht hinaus nachdenklich
macht oder gar zum Lieben verleitet, heute, bei uns,
überhaupt noch entstehen; können Bücher in dem Delirium des Banalen, von dem ich sprach, in dem narziß-

tischen Meer, das uns umgibt, sozusagen ein ›Break‹ schaffen? Ich weiß es nicht. Ich weiß nur: die einen versuchen, dieses Meer mit ihrem Schreiben, mosesartig, zu teilen – denken Sie nur an Peter Handke –, während andere glauben, sie müßten und könnten es leer saufen und dann durchwaten, könnten nur schreiben in Zeitgenossenschaft.

Und dieses Stichwort, nämlich Zeitgenossenschaft – Zeitgenosse, Zeitgenossin sein und trotzdem, auf die Literatur setzend, erzählen, Legenden bilden, Romane schreiben, also verhaftet in unserer Zeit einer zeitraubenden, ja anachronistischen Tätigkeit nachgehen –, mag als Übergang zu einem Kapitel über den deutschsprachigen Kulturbetrieb und seine Protagonisten, für den raschen Wechsel auf noch glatteres Parkett genügen.

Wer heutzutage schreibt, ob in den eigenen vier Wänden an einem Stück Prosa oder in der Redaktionszelle für die Literaturbeilage, muß, anders als noch die Generation zuvor, eine immer wiederkehrende große Kränkung in Kauf nehmen: am Ende, sei es nach fünf Jahren, sei es nach fünf Nachmittagen, weitaus weniger Menschen zu erreichen als der zum Fernsehen abgewanderte Kollege bei einem einzigen Auftritt mit ein paar Schüssen aus der Hüfte. Anstrengung und Fähigkeit stehen in keinem Verhältnis mehr zu ihrer Wirkung. Und je weiter die Schere zwischen Können und Einflußlosigkeit aufgeht, desto größer – behaupte ich – der Selbsthaß, die Melancholie, die zwischen zwei Berufsgruppen, der der Schriftsteller und der Literaturkritiker, besser gesagt, der Rezensenten, hin und her rangiert wird. Und wer diese Melancholie, aus der heraus bei deutschsprachigen Autoren kleinlichst geahndet wird, was man bei Autoren

aus fernen Ländern großzügig gutheißt, nicht länger
erträgt, wer ihr entfliehen möchte, greift zur Droge
Öffentlichkeit, versucht, den Fuß ins Fernsehen zu bekommen, ist bereit, Beachtung mit Respekt zu verwech-
seln – ›Ich bin, weil ich gesehen werde‹, gilt dann, und die
Folgen sind die Folgen jeder Droge: Man fürchtet zu
verdorren oder verdorrt gar tatsächlich, wenn man nicht
regelmäßig im Fernsehen zu sehen ist, wenn nicht eine
bestimmte anonyme Menge Menschen laufend davon
Kenntnis nimmt, daß man noch existiert.

Die, wie Freud uns gelehrt hat, in der Melancholie
mißlungene Trauer, Trauer über den Verlust an Größe
und Bedeutung, bildet den unausgesprochenen, grauen
Hintergrund unserer Feuilletons – sie scheint mir dort
sogar spürbarer als in der Gegenwartsliteratur; und falls
es in der Literatur dieses Jahrhunderts noch eine Lücke
gibt – woran ich glaube –, falls sie noch nicht komplett
ist, dann beträfe diese Lücke den Verlust an Bedeutung,
die Auseinandersetzung damit, daß man in den Wind
schreibt: die eisige Gegnerschaft zu den hurtigen Fern-
sehhöflingen, zur Idolatrie.

Für den Kulturbetrieb gilt, daß die Anzahl der Abhän-
gigen von der Droge Öffentlichkeit und damit der Idolatrie ständig zunimmt; die narzißtischen Kränkungen, die
schon der listige Hofnarr erfahren hat, traditionell auf-
gefangen durch Stolz auf das eigene Können, werden immer mehr ausgeglichen durch Simulation – im Grunde
wie bei Madonna, die, statt singen zu können, sich als
Sängerin darzustellen vermag. Jedes Stück Öffentlichkeit, einschließlich dieses Stücks hier, bedeutet eben auch
ein Stück scheinbarer Versöhnung mit sich selbst; es be-
deckt eine Wunde, ohne sie zu untersuchen, und man
kann dann ja auch einen gewissen Katzenjammer erken-

nen: Das Aufgeblasene ihrer medialen Rolle entgeht
nicht einmal den Abgebrühtesten, oder warum schreiben alle Fernsehgrößen irgendwann ein Buch? Weil sie
vor lauter Sinnbildlichkeit auf dem Bildschirm körperlos
geworden sind – Antipoden zu Kafkas Hungerkünstler,
im Monitor-Käfig zur Schau gestellte Allesvertilger; in
Panik geraten, sich des eigenen Körpers, ihrer Sterblich-
keit erinnernd, greifen sie zu dem, was sie vorher syste-
matisch mitzerstört haben, der Schrift.

Auf diese Weise entstehen Bücher, gegen die wir
Schriftsteller leider bei keinem Kartellamt für Kultur
Klage erheben können, hemmungslose Autobiographien,
mit der Funktion jener Vomatorien altrömischer Villen,
in die man sich erbrach, um anschließend besser weiter-
fressen zu können: ein Karneval der Ichform, wie ihn das
Publikum offenbar liebt.

Aber zu meiner Bildungsgeschichte in der Zeit nach
68 gehört, daß jedes Ich-Sagen und folglich jedes in der
Ichform Schreiben bestimmte Konsequenzen hat: Wer
Ich sagt, muß auch sagen, was mit diesem Ich los ist; es
genügt nicht, sich selber zu meinen, man muß sich auch
selbst zur Anzeige bringen. Ich, der ich jetzt *Ich* sage,
stehe hier, und dort steht eine Fernsehkamera, und das
schmeichelt mir, daß diese Kamera auf mich gerichtet ist;
obwohl ich das Fernsehen nicht ausstehen kann, schmeichelt es mir, und ich, der ich jetzt *Ich* sage, habe mir nicht
nur Gedanken gemacht, was heute hier vorzutragen
wäre, sondern auch, was zu tragen wäre für diesen Anlaß, Hemd und Sakko eher Ton in Ton als allzu farben-
froh usw. – wobei ich hinzufügen muß, daß es mir auch
Genugtuung bereitet, Fernsehen in diesem Fall zur Verbreitung meiner Gedanken zu nützen, nicht nur sein
Objekt zu sein.

Einladungen zu Talk-Shows, meine Damen und Herren, flatterten bei mir nur so auf den Tisch, ich habe immer nein gesagt, nicht aus Prinzip, nein, weil ich mir zu schade bin für derartige Auftritte; außerdem: sie bieten einem dort einfach nicht genug Geld, um das Demütigende einer Befragung durch einen gutdotierten, abgesicherten Medienhöfling wettzumachen. Solche Auftritte – sie würden mich genau auf den Körper zurückwerfen, von dem mich meine Arbeit, das Legendenbilden um den eigenen Körper, ja entlastet hat. Ich hätte kein großes Problem, das abzugeben, was man eine gute Figur nennt: eine Stunde lang wäre ich schwindelerregender Mittelpunkt der sichtbaren Welt, geltend nur in meiner erbarmungslosen und erbärmlichen Sichtbarkeit – dem, der die Sendung sehen wollte, bliebe keine Alternative zu mir, außer der Bildstörung. Respekt erheischend und Respekt zollend, gäbe ich diese Figur ab; und wäre auch nicht mehr als dies: ein Signifikat; ich wäre, im Sinne Jacques Lacans, meines Signifikanten beraubt und damit nur noch erstaunlich (eine Sensation wie der Hungerkünstler), aber nicht mehr begehrenswert; denn das Begehren zielt ja, nach Lacan, immer auf etwas anderes, das seinerseits nie mit sich selbst als Objekt gleich sein kann – was doch jeder Talk-Show-Gast der Zuschauermasse einzureden versucht; es ist eben nicht allein auf den anderen gerichtetes Begehren – dann wäre ja das Fernsehen vergleichsweise harmlos –, sondern ›Begehren des Begehrens des anderen‹, wie Lacan sagt. Und diese Chance bleibt, in der Regel, nur dem Geschwätzmeister selbst: sein Begehren wird vom Publikum begehrt, und genau damit hat er jenen Einfluß auf das öffentliche Meinen und Denken, den Schriftsteller vor zwei Jahrzehnten noch hatten.

Der Siegeszug der Medien im Westen, ebenso wie der Zusammenbruch des Sozialismus im Osten, hat die letzten Autoren alten Schlages – Idealisten, Utopisten, Märtyrer, Hofnarren, Renegaten, Prediger, Mahner – so gut wie verschwinden lassen. Nur noch mit sich selbst im Nacken, leben sie nun alle, mir verwandter als zuvor, in Deutschland und hoffen auf Marktanteile. Unser aller Mitreden ist winzig geworden; was bleibt, ist, wie gesagt, Selbstanzeige erstatten – tun, was sich zuzumuten andere nicht in der Lage sind. Doch auch hier ist Vorsicht geboten: Offenheit unter der Regie eines Enthüllungsmeisters – eines Kommissars, der mir die Selbstanzeige entlockt – ist ein Pyrrhussieg. Ich kann dann, leidend, sagen, was ich will: Mein Leiden wird leider nicht glaubhaft, denn glaubhaft ist nur die Situation, in der ich mich äußere, der narzißtische Rahmen. Das Publikum spürt dies und ist letztlich abgestoßen, es greift zur Fernbedienung; und die Rezensenten – sie sind davon gleich abgestoßen, sofern sie sich gleich darin wiedererkennen, und greifen zum Stift und ihrem literarischen Repertoire, schmeißen mit den Namen derer um sich, denen die bewährten, immer irgendwie glaubhaften Motive des Schreibens anhaften: Verfolgung, Verleumdung, Verbitterung; Einsamkeit, Armut, Wahnsinn, Suff.

Aber was bleibt da den Jüngeren (ich befinde mich auf dieser fließenden, besonders von meiner Generation immer weiter ausgedehnten Grenze zum nicht mehr Jungsein), was bleibt da also den gerade noch Jüngeren – angefochten von der unverzeihlichsten aller Schriftstellerschwächen: Wohlaufsein zu unterschlagen, Schicksalsschwindel zu begehen – als Verhalten eigentlich noch übrig, wenn sie von der Welt, in der sie leben, erzählen wollen und folglich von dieser Welt kosten müssen?

Ich denke, wer unsere Gegenwart ausloten will, kann dies nur im Zeichen der Banalität tun; auf eine Umfrage des Rowohlt Literaturmagazin zu dem Thema ›Warum sie schreiben, wie sie schreiben‹ habe ich mich 1987 in einem Text mit dem Titel ›Ich bin ein Möchtegernschriftsteller‹ unter anderem so geäußert: »Aufgewachsen im Unterhaltungs- und Atomzeitalter, habe ich nie den Glauben entwickelt, ein Schriftsteller *sein* zu können. Aber ich wollte es immer, und auch heute ist dieses Wollen mein Antrieb: Ich möchte gern Schriftsteller sein. Es ist meine Lebensaufgabe, mein Verzicht auf ein Stück modernes Leben. Nichts anderes als diese Beschränkung legitimiert mich. Ich besitze keine Tradition, ich muß mir meine Tradition erfinden; ebensowenig besitze ich eine Geschichte (die der gewöhnlichen Neurose einmal beiseite gelassen) und schon gar nicht ein gehöriges Schicksal … Das Schicksal meiner Eltern hieß Krieg, mein ›Schicksal‹ heißt Banalität.«

Doch nicht nur ich empfinde das so, nicht nur ich schreibe im Zeichen der Banalität – auch jemand, dem gewiß eins der eben genannten Motive anhaftet: Marguerite Duras, die uns ja hier schon beschäftigt hat. In einem erst kürzlich auf deutsch erschienenen Essay mit dem Titel ›Schreiben‹ sagt sie hierzu: »Ich gleiche aller Welt. Ich bin die Banalität. Der Triumph der Banalität.« Jemand muß wohl achtzig werden, um sich solche Worte erlauben zu können, im Rücken ein Werk, welches seinerseits über die Banalität triumphiert.

Dachte ich. Bis am 12. November vorigen Jahres in der TAZ eine Doppelbesprechung unter der Überschrift ›Was das Weib will‹ erschien; es ging darin um meinen Monolog ›Der Ansager einer Stripteasenummer gibt nicht auf‹ und eben jenes Büchlein von Marguerite Duras, ›Schreiben‹. »Beide Bücher«, lese ich da, »könnte man als gehobene Unterhaltungsliteratur in Sachen Geschlechterfragen und Kunstproduktion begrüßen. Doch, leider – sie sind ganz und gar ernst gemeint. Kirchhoff meint es ernst mit seiner Begeisterung für das den Sex ersetzende, antizipierende Sprechen, Duras mit dem die Einsamkeit und Wildheit zementierende Schreiben. Das Ergebnis heißt Kitsch.« Zitat Ende.

Sehe ich nun einmal davon ab, daß es in beiden Fällen um etwas anderes geht, weder um Sex ersetzendes Sprechen noch um Wildheit zementierendes Schreiben, so muß ich zugeben, daß ich dieses andere durchaus ernst meine, auch wenn es nicht unbedingt – Sie werden es erleben – ernst daherkommt, und Marguerite Duras dürfte dieses andere, um das es bei ihr geht, ebenfalls ernst meinen. Diesen Ernst jedoch – gleichbedeutend mit jenem Verstehen Erbitten, über das ich beim letzten Mal sprach – Kitsch zu nennen, also süßlich-sentimental und geschmacklos, wie es im Duden heißt, scheint mir, jedenfalls bezogen auf eine Autorin, die von sich sagt, sie gleiche aller Welt, sie sei die Banalität, der beschämende Endsieg der Banalität zu sein, der Verzicht auf das Verstehen zugunsten des Interpretierens, eines Hereinlegens, was man ganz wörtlich nehmen kann – wer einen Text wie ›Schreiben‹ oder ›Maladie de la Mort‹ verstehen will, wer überhaupt, umgeben von Banalitäten, verstehen will, muß nämlich nicht, und hier liegt der Kulturbetriebshase im Pfeffer, sein Denken ändern, sondern sein Leben.

Autoren und Rezensenten – gewöhnen wir uns ab, von Kritikern zu reden, meine Damen und Herren, die sind im deutschsprachigen Raum nur noch mit der Lupe zu finden –, Autoren und die Besprecherinnen und Besprecher ihrer Bücher sitzen in verschiedenen Booten, die aber im selben Medienschlick stecken – ›Was können diese Autoren taugen‹, mögen sich Rezensenten fragen, ›wenn ihnen an den Füßen klebt, was auch uns an den Füßen klebt? Ach, was können sie überhaupt taugen als Kinder dieses belanglosen Hier und Heute, aufgewachsen mit Gummibärchen und Frieden?‹ Gedankengut der in mittlerem Unglück Erstarrten: ›Wie kann, neben mir, etwas blühen, wenn ich doch selber verdorrt bin? Höchstens woanders; und früher.‹

Dieser letzte Satz stammt aus einem Aufsatz von mir, der unter dem Titel ›Das Schreiben – ein Sturz‹ vor zwei Jahren in der ›Zeit‹ erschien und für mich nach wie vor Gültigkeit hat. Im Zentrum des Aufsatzes steht eine rhetorische Frage, die am zuletzt Dargelegten anknüpft: Aber sind denn Erfahrungen von Autoren der fünfziger und sechziger Jahre oder der Autoren anderer Kontinente wirklich tiefgreifender, reichhaltiger und am Ende wahrer als meine und folglich der Literatur zuträglicher? Darf man – legitimiert allein durch den zeitlichen Abstand zwischen heute und gestern oder die geografischen Entfernungen zwischen Mitteleuropa und, sagen wir, Südamerika, denn zu Recht hinter durchaus ähnlichen Geschichten die unterschiedlichsten Motive vermuten – dort die verläßlichen, ernsten, hier die eher kränklichen, belanglosen, denen nicht zu trauen ist? Die Antwort heißt: Nein. Und auch wenn es mir hier nicht gerade schlecht geht: Nein. Und sie hieße immer noch Nein, meine Antwort, selbst wenn es mir zeitweise glänzend ginge. Und wer weiß, womöglich geht es mir glänzend; ja, sogar folgendes wäre ich bereit einzuräumen: Daß ich hier unter Umständen vollkommen sorglos lebte, wenn ich nicht das Problem des Sterbens hätte; so aber teile ich

die Hauptsorge aller Menschen – für eine Kündigung des
Generationenvertrages, die besagt, daß wir die Alten
nicht ablösen können, da unsere Bürde zu gering sei, reichen die Gründe nicht. Ich liebe und hasse nicht weniger
heftig als meine literarischen Väter und Mütter oder der
Kollege in Havanna, und der Tod, wie gesagt, er erwartet
auch mich. Nur schreibe ich in keinem verlorenen Hotel
und auch nicht barfuß am Holztisch (selbst wenn's so
wäre und es entstünde ein Foto davon, gäbe dies bloß
meine Schamlosigkeit wieder), sondern im selben Glas-
haus wie die Rezensenten. Wir trinken dieselben italienischen Weine, wir atmen dieselbe deutsche Luft, ich
mißtraue ihnen, sie mißtrauen mir; wir duzen uns und
bleiben, auch jenseits der Vierzig, die Jungen – danke be-
stens.

Wie glücklich durfte sich da schätzen, wessen künstle-
rischer Ruhm noch nicht restlos Theater war – nicht
allein persönlicher Ruhm, sondern auch Ruhm der Exil-
literatur oder Ruhm eines wieder zu sich findenden geistigen Deutschlands, im Westen wie im Osten. Für uns
Junge aber, die wir schon weiße Haare haben, gibt es keinen Mantel mehr, der Schutz vor dem Gewöhnlichen in
uns böte: Was wir tun, erscheint sofort ichhaft und ist, in
des Wortes tieferem Sinn, tatsächlich nichts als eitel,
nämlich vergebens. Es fehlt die Epoche, auf die es ein
Licht werfen könnte, und auf die Gefahr eines Zirkel-
schlusses hin: vielleicht fehlt aus diesem Grund auch das
Licht.

Wir leben in kleinen Zeiten voll großer Ereignisse,
global übertragener Tennisendspiele und Pop-Konzerte,
Umweltkatastrophen und Luftangriffe – und bloß als
von Mordkommandos Bedrohter rückt der Schriftsteller
noch in die Nachrichten, als arme Figur. Autoren der

Gruppe 47 waren wohl die letzten, die eine Form hatten und wahrten, an der die Öffentlichkeit teilhaben konnte und wollte; in den frühen siebziger Jahren begann eine Zeit der Formlosigkeit, die immer noch anhält: Erscheinungsbild und Umgangsformen lösten sich auf, und kläglich wurde jeder Versuch, sich zu organisieren und damit Fuß zu fassen in der Gesellschaft. Ungeschützter, ungelenker als jedes Schlagersternchen, das abends in seinen Glitzerfrack schlüpft und niemals vor dem Tusch die Bühne betritt, setzen wir zeitgenössischen Autoren uns in Szene. Wir haben das formlose Nebeneinander erstritten, nun droht es unser Grab zu werden – und wenn Sie mir eine Nebenbemerkung gestatten: Keine Förmlichkeiten – keine Komödien; oder wüßten Sie von einem Komödienschreiber, meines Jahrgangs und jünger, zu berichten?

Grab warum? Nun, kein Schriftsteller scheint mir so vollständig Schriftsteller zu sein, als daß er den Schriftsteller nicht auch noch etwas spielen müßte, um angesichts der eigenen Unerheblichkeit dem im Boden Versinken zu begegnen, doch dazu gehören, wie bei jedem Spiel, mehr Mitspieler als Spielverderber; und es bedarf auch gewisser Regeln und der Beachtung dieser Regeln – womit ich wieder beim guten Willen bin, aber kehren wir es jetzt einmal um: Wie sieht der gute Wille aus, den Autoren entgegenbringen?

Ich glaube, der Großteil unserer Anstrengung richtet sich darauf, von Zeit zu Zeit etwas zu präsentieren, nämlich ein Buch, anstatt Tag für Tag etwas zu re-präsentieren, nämlich das Leben als Literat – wer schreibt, muß sich entscheiden, ob er für sein Leben oder seine Phantasie Anerkennung finden möchte; gar keine einfache Entscheidung, denn bei vielen Büchern ist das Entstehen abenteuerlicher als der Inhalt, und es kann Kraft kosten, eine lange Arbeit nicht in eine kurze Geschichte über diese Arbeit münden zu lassen: die heroische Zeit des Schreibens erscheint einem ja immer erzählenswert, besonders wenn Rezensenten den Hut davor ziehen, Leute, denen etwas prallere Romane vor dem Hintergrund eher unbarocker Lebensläufe ihrer Autoren schnell verdächtig vorkommen. ›Woher‹, mögen sie denken, ›wollen die ihre Erfahrungen haben, wo wir doch alle dasselbe Programm sehen?‹

Aber wer nicht schweigen will oder nur von den Schwierigkeiten des Schreibens erzählen oder vermeiden möchte, klüger zu sein als seine Bücher, dem bleibt ja nur, Romane anzupeilen, die etwas größer sind als er selbst, Romane, in welchen es immer um Liebe und Tod gehen wird, weil allein Liebe und Tod uns, samt allem narzißtischen Harnisch, an Größe übertreffen. Und genau das, Liebe und Tod, machte doch auch für die Autoren vor uns letztlich das ganze Sujet aus, nur daß deren Werke, starke wie schwache, in einer Art vorgezogener Posthumität, Einzug hielten in ein imaginäres Museum; so konnten und können sie der eigenen Klassischwerdung beiwohnen, ein Schild von Dämonie liegt noch auf ihrer Eitelkeit: dem Mythos streben sie entgegen, wie es scheint, oder sind würdig, ihn zu verkörpern – obwohl sie sehr viel zur Erkenntnis des Subjekts beigetragen haben, sind sie durch ihr Werk nicht selbst skelettiert worden. Sie profitierten noch von einem Erstaunen über die Möglichkeiten der Selbstreflexion, während ihre Kinder und Enkel, durch radikale Anwendung dieses Instruments, einfach nur unbekleidet dastehen.

Das Splitternackte, das sich schutzlos Machen, ist für mich und nicht wenige andere Autoren und Autorinnen dieser Generation ein, wie ich meine, verhaßtes Zuhause geworden, denken Sie bitte nur an Rainald Goetz und an Elfriede Jelinek, an Josef Winkler, an Einar Schleef, aber auch an den toten Hubert Fichte. Dort allein, im Eigenversuch, in der Vivisektion, können Schriftsteller, als Zeichen ihres guten Willens, jenen Existenzvorsprung (gegenüber denen, welche die Sprache nicht verschonen, dafür aber sich) erringen, der unbedingt nötig ist, um glaubhaft zu sein – glaubhaft als jemand, dem, auf dem Grunde seines Ichs, jeder Sinn für das Publikum fehlt –, sofern sie auf Leute treffen, und damit komme ich zum zweiten Teil dieses Exkurses, zur sogenannten Kritik, die dem mit gutem Willen begegnen.

Meine Damen und Herren, mein lautes Nachdenken über die Kritik ist natürlich nichts anderes als ein lautes Nachdenken über Rezensenten, was wiederum nichts anderes ist als das laute Nachdenken über die Rezensenten, die mich, wie man zu sagen pflegt, besprochen haben, eine Form des kontrollierten Konterns also, die, nach allem, was ich schon über Schreiben und Narzißmus und den Kulturbetrieb gesagt habe, doch ein gewisses Risiko darstellt. Ich beginne deshalb auch mit einer Verbeugung vor der Kritik.

Den Versuchen einer endgültigen Theorie, was bedeutet, einer endgültigen Erzählung von Ideen, wie sie von Hegel, Nietzsche oder Heidegger unternommen wurden, entspräche jeder Versuch eines Schriftstellers, einen definitiven, unrezensierbaren Roman zu schreiben, eine endgültige Erzählung von Menschen (die dann, wie die Idee, nicht mehr sterblich wäre), mit anderen Worten: ein Werk, das er nur selber besprechen könnte, dessen Welt, dessen Geschmack, dessen Erhabenheit sich jeder

Kritiker beugen müßte – eine gräßliche Vorstellung. Was ich schreibe, bedarf der Kritik, das will ich damit sagen, bedarf dessen, was man anderswo, ehrlicherweise, *reviewing* nennt (im Unterschied zum akademischen *literary criticism*), einer Überprüfung also durch die Zunft der Kritiker. Die Herren – in der Mehrzahl handelt es sich ja immer noch um Herren – sollen sich anstrengen; von Hegel wissen wir, daß der Grad der Anstrengung, der aufgewendet werden muß, um das Besondere eines Werks dem Allgemeinen, das für die ganze Gattung gilt, einzuverleiben, die Bedeutung dieses Werks ausmacht (weshalb es im übrigen auch gar nicht falsch ist, Rezensionen mit dem Zentimetermaß zu messen). Also als erste Vorausschickung ein großes Ja zur Kritik, verbunden mit dem Wunsch, die Rezensenten mögen ihr Bestes geben.

Zweite Vorausschickung. In der heutigen Welt bin ich einer der wenigen mit dem Privileg, schreiben zu können, was ich will, ohne mit lebenseinschneidenden Nachteilen wie Entlassung oder Gefängnis rechnen zu müssen. Das soll heißen: Verhöhnung in den Medien, beschädigtes Ansehen, rapide sinkende Auflagenzahlen stellen, in meinen Augen, keine lebenseinschneidenden Nachteile dar; und dieses Privileg, hier schreiben und äußern zu können, was ich will, verpflichtet mich, es mit aller Konsequenz auszuschöpfen: Ich schreibe nicht, um meinen Freundeskreis zu erweitern.

Damit genug der Vorrede. Folgende Formen geschriebener und zunehmend auch mündlicher Rezension lassen sich im deutschsprachigen Raum beobachten:

1. Die quasi religiöse Lobpreisung. Der Rezensent rückt mit ihr das Werk eines bislang zu wenig Beachteten oder Verkannten in ein strahlendes Licht (einschließlich sich selbst – »und der Lobende«, Sie erinnern sich, »ist

der Gelobte«); eine Form der Heiligsprechung, der sich
die übrigen Rezensenten im allgemeinen gern anschlie-
ßen, schon um an diesem Licht gleich ein wenig zu parti-
zipieren.

2. Das gewöhnliche Lob. Eine nicht einfache und
darum auch selten zu findende Form, bei der der Rezensent hinter seiner Besprechung zurücktritt – das gewöhnliche Lob erkennt einfach die Wahrheit, die ein
Autor zur Sprache gebracht hat, an; es benennt diese
Wahrheit (was sich der Autor verkniffen hat), es weist
darauf hin, wie glaubhaft, also brauchbar sie dargestellt
wurde, und räumt damit, indirekt, einen Mangel im eigenen Leben ein, genau jene Empfindungs- und Erfah-
rungslücke, die den Unterschied zwischen Literatur und
Literaturbesprechung markiert.

3. Das halbe Lob mit eingebautem Tadel. Heute vielleicht die verbreitetste Form – das berühmte Drei minus
aus unserer Schulzeit, nämlich die unentschiedene, risi-
koscheue Besprechung, dabei oft hübsch geschrieben,
voller gebildeter, selbstverliebter Anspielungen; eine
Rezension, die weder für den Leser, also den zahlen-
den Kunden, noch den besprochenen Autor einen Gebrauchswert hat, sondern lediglich für den Rezensenten,
der allen anderen Rezensenten mitteilt, wie sensibel oder
witzig er ist, wie belesen oder bissig und was für schöne,
letztlich den Autor übertreffende Formulierungen ihm
doch gelingen – hier wird unter Umständen ein ganzer
Roman für ein einziges, den Rezensenten zierendes Bon-
mot geopfert; und oft handelt es sich dann auch um den
Sonderfall der ambitionierten oder poetischen Besprechung, von der der Verfasser annimmt, sie stelle selbst
ein Stück Literatur dar (dessen einzelne Abschnitte vor-
nehm mit römischen Ziffern überschrieben werden, als

handelte es sich um ein Werk für die Ewigkeit) – ein Stück jener Literatur, welche der Rezensent bewundert, zu der er aber nicht gefunden hat, weil er eben zur Besprechung von Literatur fand.

4. (Und nun wird es von meiner Seite persönlich.) Das Herunterspielen, Läppischmachen, Herabwürdigen – eine durch die meistens hingepfuschte Rezension gerade noch verbrämte Mißgunst, häufig zu finden in mediokren Zeitungen oder den nachgeordneten Sonntags- und Lokalteilen bedeutender Blätter, eben dort, wo Anfänger und Abgeschobene arbeiten, Leute fürs Grobe, die nicht da sind, wo sie gern wären, und jedem, der ihnen besser plaziert erscheint, öffentlich in die Suppe spucken – zu Ihrer und auch meiner Entspannung hatte ich ursprünglich diese etwas verharmlosende Wendung *in die Suppe spucken* gebraucht, will das aber jetzt nicht mehr so stehen lassen: Letzte Woche war das Maß nämlich voll, die Suppe quoll über von Spucke, und ich habe versucht, mir von meiner Wut etwas für heute abend zu bewahren. Ich möchte, daß man sie mir anmerkt, diese Wut, ich will, daß Sie, hier im Hörsaal, verstehen, also miterleben, wie das Verhältnis zwischen denen, die Literatur schreiben, und denen, die über die Schreibenden und deren Bücher sprechen, bei uns wirklich aussieht, was das heutige Thema ›Schreiben und Narzißmus‹ praktisch bedeutet.

Zitat: »Schmaler Kopf, um den Mund einen Anflug empfindlicher Reserviertheit und an den Füßen edles Schuhwerk ...« – solche den Autor als Arschloch, ich sage es ganz offen, hinstellenden Worte dürfen in der »Frankfurter Allgemeinen Zeitung« vom 23. 1. 1995 erscheinen, und ich frage hier: Lesen denn die Verantwortlichen nicht, was da in den Randbezirken ihrer Zeitung steht? Oder ist es so schwer zu begreifen, daß dies Worte sind, die in Deutschlands dunkelster Zeit wohl folgendermaßen gelautet hätten: *Niedrige Stirn, um den Mund ein rattenhafter Zug und an den Füßen alte Lappen ...*

Aber man kann offenbar nichts falsch machen, wenn man Besprechungen meiner Lesungen und Texte so einleitet, und es muß inzwischen Dutzende von Redakteurinnen und Redakteuren geben, die auf diese Art ihrem Bekanntenkreis imponiert und sich ein Stückchen Profil verschafft haben. Ich bin jedoch nicht länger bereit, das stumm hinzunehmen. Ich werde das Schmutzige zurückgeben, fangen wir gleich mit dem edlen Schuhwerk an – *das* ist es hier, erstanden im Ausverkauf und schon zweimal zum Schuster gebracht, damit er es weich mache, das billige Leder; wenn man schon so etwas schreibt, sollte man wenigstens wissen, wovon man spricht, sollte sich mit Schuhen auskennen – ein edler Schuh glänzt nicht so ordinär. Freud, heißt es am Ende dieser Besprechung, sei bei mir Pate gestanden – noch so ein Satz, mit dem man bei Kirchhoff nie etwas falsch machen kann –, aber leider vermag die Autorin Freud nur als Gummiknüppel zu benutzen; jedenfalls wäre ihr, bei den Betrachtungen von Schuhen und Gesichtern, sehr mit dem Begriff der Projektion geholfen ...

Doch muß man in der herabsetzenden Rezension gar nicht so weit gehen wie in dem genannten Fall: Oft genügt es schon zu verschweigen, daß ein Roman, ein Stück, eine Lesung – oder auch eine Vorlesung – ganz einfach Publikum hat, eine Resonanz (der, nebenbei gesagt, mein Dank hier gilt).

Soviel dazu; fahren wir jetzt mit der Liste fort, meine Damen und Herren –

5. Der gewöhnliche Verriß. So selten, so schwierig, so mit Risiken behaftet wie das gewöhnliche Lob; hier muß

ja nicht nur Farbe bekannt werden, sondern auch belegt sein, was mißfällt, und das ohne Eifer, ohne Zorn – ein analytisches Urteilen, für das man sein Leben lang geradezustehen hat.

6. Die Exkommunizierung aus dem Orden der Literatur, der Vernichtungsschlag als Gegenstück zur Heiligsprechung, das Mundtotmachen. Das eher beiläufige Rezensieren des Textes dient hier bloß noch als Vorwand für die gesellschaftliche Vernichtung einer bestimmten Person; die teils mit Haß, teils mit Neid, aber auch gewöhnlicher Zerstörungslust vermischte Abneigung des Rezensenten, der Rezensentin, verläuft so noch in halbwegs geordneten und nebenbei auch ganz einträglichen Bahnen. Eine neuzeitliche Kopfgeldjägerei und Verfolgung Andersdenkender, Andersaussehender, für mich gut zu studieren: Immer wieder wurde sie in den vergangenen Jahren bei mir angewandt. Offenbar gibt es ein Grundbedürfnis nach Rassismus, vor dem auch Intellektuelle nicht sicher sind, und da sie sich verbieten müssen, etwas gegen Ausländer oder Behinderte zu sagen, knöpfen sie sich eben ihresgleichen vor.

(An dieser Stelle, meine Damen und Herren, beginnt hier im Manuskript ein längerer Strich, Ausdruck einer gewissen Besorgnis, aber durch die Hintertür der Selbstanzeige möchte ich doch noch etwas hinzufügen. Rassistische Segregationen aus dem Orden der Literatur, vernichtend herabwürdigende Besprechungen haben bei mir, als sie andere betrafen, in einigen Fällen Schadenfreude ausgelöst; ich glaube, tiefer kann man kaum sinken. Der Selbstekel mancher Rezensenten – die man schon deshalb nicht in die Tasche steckt, weil man sie nicht dort haben möchte – hat sich dann doch, krankheitsartig, übertragen.)

Beruhigend ist höchstens, daß dies alles nicht neu ist. In der ersten Frankfurter Poetikvorlesung, Wintersemester 1959/60, sprach Ingeborg Bachmann davon, daß ein inoffizieller Terror herrsche, der ganze Teile der Literatur für eine Zeit in Acht und Bann halte, und sie fügte hinzu, daß es diese Art von Terror immer gegeben habe. Und natürlich erinnern wir uns, meine Damen und Herren, in dem Zusammenhang auch der Figur des Clavigo – es gibt eben diese Leute, und sogar auf ihren guten Willen setze ich, anderenfalls könnte ich mir mein lautes Nachdenken sparen; wer schreibt, ich sage es noch einmal, muß auf den guten Willen anderer setzen, eine für viele Rezensenten wohl unerträgliche Vorstellung – rufen sie sich doch, in vollendeter Projektion, stets in Erinnerung, daß andere ihnen antun könnten, was sie selbst anzutun jederzeit bereit und in der Lage sind.

Aber ich bin noch nicht am Ende. Als ultima ratio für Rezensenten hat eine Form der Besprechung zu gelten, nämlich:

7. die Polemik, die selber zum Ort des Schreibens wird, die ihre eigene Produktionsästhetik hat, wenn Sie an Karl Kraus denken; ich meine den mit klarer Stimme vorgetragenen Aufschrei gegen einen Autor und seinen Text, gegen ein bestimmtes Verstehen an sich, das einem unerträglich ist, nicht gegen eine Verständigungsweise, die einem nicht liegt. Hier zählen weniger Begründungen und deren Haltbarkeit, hier zählt die Gewißheit, die sich aus dem Leseerlebnis ergibt – nebenbei die einzige Gewißheit des Rezensenten, und sie angemessen zur Sprache zu bringen *ist* in meinen Augen ein Stück Literatur, das als äußerstes Mittel gegen Literatur seine Berechtigung hat.

Meine Damen und Herren, ich komme zum Ende dieses
Exkurses – das alles waren keine, traditionell ausgedrückt, weiblichen Retourkutschen, es waren nur auf
Umwegen formulierte Ansprüche; ja, vielleicht war und
ist diese Auflistung nur Ausdruck eines einzigen An-
spruchs: meiner Arbeit ein ähnliches Maß an Ernst ent-
gegenzubringen wie das, mit dem ich sie betreibe. Oder
lassen Sie es mich so zusammenfassen: Ich hätte es gern
mit Erwachsenen zu tun.

Und mit diesem Stichwort *Erwachsenheit*, wenn es
das gibt, komme ich zum Schluß, komme zurück zu
meiner Legende, zu Karl, der ja ebenfalls als Rezensent
auftritt, Rezensent seines Vater Kristian, aber auch als
Autor, nämlich Erzähler von Kristians Narzißmus.

Karl erinnert sich schreibend; schreibend begegnet er
den narzißtischen Wunden in seiner Erinnerung, sich
selbst etwas erzählend, setzt er sich über sie, und damit
sich selbst, hinweg. Sein Thema ist der vor fünfundzwanzig Jahren verschwundene Vater und dessen uner-
wachsene Welt, und die folgenden Sätze aus einem der
Anfangskapitel des Romans sind Annäherung an jene
Wunden; zugleich sollen sie aber auch Ausblick auf die
nächste Vorlesung sein: um Literatur als Bewahrungsort
für Schmerz, als Legende um den gequälten Körper wird
es dann gehen. Und auch in diesen Sätzen der Annäherung an ein fernes Selbst: wieder keine Ich-Form (als
wüßte Karl, daß über diesen Weg noch lange kein leben-
diges Ich Einzug hält in einen Roman); Karls Pathos ist
das Pathos der Distanz, jedenfalls in dieser vorläufigen
Fassung.

»Karl dachte nur selten und nie gern an Kristian, den
Vater, an diesen Studenten mit ewig heraushängendem
Hemd, den er weder mit Vater noch mit Kristian angere-

det hatte, sondern einfach mit Kris, mit dieser albernen Silbe, die Reni noch heute, fünfundzwanzig Jahre nachdem sie verlassen worden war, gebrauchte, sobald sie von Kristian sprach – Der Kris, sagte sie, der Kris hat ja jetzt solchen Erfolg mit seinen Stadtführern für Alleinreisende –; und es nützte auch nichts, daß er sie immer wieder bat, von Kristian doch als Kristian zu reden. Viel zu tief saß die alberne Silbe, so tief wie bei ihm, und wenn er es einmal genau wissen wollte, wie groß sein Schmerz immer noch war, mußte er nur dieses *Kris* vor sich hinsprechen, mit einem Es wie jenem *Ssst*, das ihm den Schmerz einst vertrieben hatte.

Karl zog sich aus, er wollte schlafen, der Schlaf war immer eine Lösung. Nackt auf dem Bett sitzend (das viel zu groß für ihn war), spitzte er noch seinen Bleistift, das hatte er sich angewöhnt, seit er über Kristian nachdachte; oft fiel ihm erst im Halbschlaf etwas ein, und längst hatte er gelernt, im Dunkeln zu schreiben, die einmal in Fleisch und Blut übergegangene Schrift wieder sorgfältig aus sich hervorzuholen. Griffbereit legte er den Bleistift auf einen Block und sagte dann, als wollte er es proben, *Ich*. Aber auch diese Silbe schmerzte nur, und Leute wie Kristian, die konnten sie bei jeder Gelegenheit in den Mund nehmen – Ich gehe schlafen, Ich habe Schuppen, Ich liebe San Gimigniano, sagten sie, kurz und schmerzlos, während er nicht einmal wußte, was für ein Schmerz das überhaupt war; ein tierischer, schien es ihm manchmal, und also nannte er ihn auch *Tier* – Sein Tier, das hatte ihm Kristian verpaßt, Der Kris ... Wie ein Stück gefrorener Kot klebte dieses Kris auf den drei Buchstaben Ich.

Karl ging ins Bad, er stellte sich auf die Waage. Nirgendwo sonst war er mehr im reinen mit sich – einund-

siebzig Kilo minus fünf Gramm, das war er; fünf Gramm
für Kristians Sperma, soviel stand er ihm zu, das steckte
unauslöschlich in seinen Adern: dieser bei *Yesterday*
oder *Cant' Buy Me Love* nicht zurückgehaltene Spritzer.
Und doch war er hinter dessen Verursacher her wie Eltern hinter dem vermißten Kind, um nicht als Vater eines
Vaters zu enden; nichts, dachte Karl, wäre schlimmer, als
diesen Mann zeitlebens als Studenten in sich zu tragen,
das Kris nicht zu töten – zu den idiotischsten Tränenaus-
brüchen konnte ihn dieser Laut treiben, und also suchte
er ein Mittel dagegen, ein Mittel gegen das Tier, das ihn,
spätestens nach dem Es am Ende, jedesmal packte.

Er haßte dies wütende Fremde in sich und hing doch
daran (wie er an seiner Katze hing, die sich nicht streicheln ließ), sprach sogar, die Augen schließend, auf es
ein. He, Tier, he, ganz ruhig, sagte er dann, was oft schon
genügte, um seine Auflösung – nichts anderes waren die
Tränenausbrüche – für kurze Zeit selbst aufzulösen. Karl
suchte ja kein Mittel gegen den Weltschmerz (sein Weinen war auch eher das Aufheulen eines Kindes, das an die
Herdplatte greift); was er suchte, war ein Mittel gegen
den Schmerz ohne Welt.«

IV

Dem Schmerz eine Welt geben

Und noch ein Schreib-Ort

Guten Abend, meine Damen und Herren – die Überlegungen der kommenden siebzig Minuten, um die ich Sie heute bitte, knüpfen genau dort an, wo ich beim letzten Mal aufhörte: Karl, stiller Erzähler und stiller Held des Romans, der mich beschäftigt, suche ja nicht, wie es hieß, ein Mittel gegen den Weltschmerz, sondern ein Mittel gegen den Schmerz ohne Welt, und eben dies führt geradewegs ins Thema des heutigen Abends, nämlich: ›Dem Schmerz eine Welt geben‹.

Welchen Schmerz meine ich, von welcher Welt ist die Rede, was heißt Geben?

Ich meine zunächst den ganz gewöhnlichen, unzweideutigen körperlichen Schmerz, so gewiß für jeden, der gerade unter ihm leidet, wie ungewiß für jeden, der daneben steht; gewiß und ungewiß, weil »die menschliche Haut«, wie wir bei Paul Valéry lesen, »unsere Welt in zwei Hälften teilt: die des Schmerzes und die des bunten Scheins«. Die Rede ist von einem Schmerz, über den es keine Verständigung gibt, ja, der die Verständigungsmöglichkeit selbst, nämlich die Sprache, zerstört und damit den, der ihn einsam leidet, der anderen Hälfte der Welt, des bunten Scheins beraubt: der jede Chance nimmt, sich im Hinblick auf die Welt zu konstituieren. Dieser Schmerz ist Schmerz, nichts weiter – umfassendste Negation jeglicher Selbstbestimmung, wie sie Kriege mit sich bringen, ob hier, in Mitteleuropa, oder, wie wir das gewohnt waren, weiter entfernt. Beginnen wir damit.

Ich hatte bisher zweimal Gelegenheit, Krieg aus einer mich mit Panik erfüllenden Nähe zu erleben, einmal auf der Insel Mindanao, den Bürgerkrieg zwischen den dorti-

gen Moslems und Regierungssoldaten – etwas, das einem
heute nicht mehr exotisch vorkommt –, und dann in
Mogadischu, wo ein Bekannter von mir zu Tode kam.
Beide Male hatte ich den Eindruck, das gewaltsame
Geschehen sei antipodisch zu mir, zwischen meinen
Empfindlichkeiten und denen der Kämpfenden liege ge-
wissermaßen die ganze Welt; im nachhinein war es der
Eindruck, Krieg sei das Entgegengesetzte von Literatur.
Und nach diesen Stunden der Angst wurde mir auch klar,
weshalb für mich zu den bewegendsten Gestalten in der
Literatur immer der Soldat zählte, der im Tornister ein
Buch mit sich herumträgt, dessen Lektüre ihm über das
Grauen hilft, ja ihn beschützt, das er buchstäblich not-
wendig hat.

Ein gutes Beispiel ist der achtunddreißigjährige ameri-
kanische Oberst Jack Hamilton, dem Curzio Malaparte
(geboren als Erich Suckert, Sohn eines Deutschen und
einer Italienerin) in seinem autobiographischen Roman
›Die Haut‹ ein Denkmal setzte; Hintergrund: der Vor-
marsch der Alliierten auf Rom.

Die Beschreibung dieses dem Krieg nicht anheimge-
fallenen Oberst steigert sich für mich in den Worten:
»Sooft er in einer Gasse Neapels, in einem Dorfe um Ca-
pua oder auf der Straße nach Cassino irgendeinem be-
trüblichen Zeugnis unseres Elends, unserer physischen
und moralischen Erniedrigung, unserer Verzweiflung –
des Elends, der Erniedrigung und Verzweiflung nicht
Neapels oder Italiens allein, sondern ganz Europas – ge-
genüberstand, errötete Jack.« – Das Heldenhafte des Soldaten zeigt sich hier nicht mehr in der Schlacht, es zeigt
sich in der intimen Auflehnung gegen das Verrohen, gegen Sprach- und Weltzerstörung. Er errötet, und eben-
diese Hautreaktion, schreibend nachvollzogen, berührt

mich: Malaparte hat darin das Gegensätzliche zur Gewalt, zum Krieg erkannt und festgehalten: den Impuls der Scham, der immer auf der Seite des Lebendigen, der Schöpfung steht.

Krieg scheint mir die Nachäffung der Schöpfung durch das Schaffen von Nichts zu sein: das Erzeugen von Tod, an Orten, an denen vorher das Gegenteil von Nichts herrschte, nämlich Leben. Und viele Kriegsherren äffen gerade jene Lebendigkeit nach, auf deren Auslöschung ihre Strategien zielen, Strategien, die im einzelnen keine Eroberungen und Landgewinne bedeuten, sondern konkrete, unvorstellbare Schmerzen – der Granatsplitter im Unterleib, die Verbrennung eines Gesichts, die klaffenden Stellen abgerissener Glieder, das zerfetzte Gedärm –, nicht zu ertragende, den liegengebliebenen Soldaten, die zusammengebrochene Mutter, das sich im roten Gras wälzende Kind der Sprache und damit der Welt beraubende Qualen –, deren sinnloses Grauen auch in der Berichterstattung über den Krieg vor unserer Haustür nur in Erwähnungen auftaucht, nicht im Zentrum steht und sich uns Nachbarn wirklich mitteilt.

Dieser Krieg beleidigt uns eher – glaubte man doch, in unseren Breiten herrsche endlich Frieden –, als daß er uns anhaltend entsetzt. Krieg ist auf einmal wieder ›denkbar‹ geworden – man macht sich einfach über ihn Gedanken, ich jedenfalls.

Zu einem Krieg kommt es in der Regel, so lehrt es dieser jüngste in Europa wieder, wenn das eigene Land für ein Volk zur Fiktion wird; man könnte aber auch sagen: wenn die Literatur, im weitesten Sinne, als Ort von Fiktion ausgespielt hat. Wo nur noch Zeichen gesetzt werden, da heißt es aufpassen. Da paaren sich Gewalt und Lüge, und jede Kriegserklärung, ob ausgesprochen oder unausgesprochen, bedeutete dann wohl immer auch die Erklärung, daß unsere Realität zum Abschuß freigegeben ist.

Ich erzählte hier schon von dem Videoladen in meinem Wohnhaus, von den vielen, im übrigen immer blankgeputzten Jeeps, die davor parken. Der Zusammenhang ist auffällig: *In* dem Laden Filme, die vom Pathos des Krieges handeln, *vor* dem Laden die von unserer Realität weit entfernten Fahrzeuge, mit panzerbrechend anmutenden Gestängen umgeben, auch diese gewienert, daß man sich darin sehen kann – eine Art Pastiche des hollywoodschen Tötungsfuhrparks, mit deutschem Akzent: dieses Blankgeputzte trägt unserem Lebensgefühl, gewissermaßen weiße Zähne fletschend, Rechnung. Nicht wenige scheinen also, auch hier, etwa in Frankfurt am Main, bloß darauf zu warten, daß die Realität zum Abschuß freigegeben wird, auf jeden Fall sind sie gut darauf vorbereitet, einschließlich der wüstenfarbenen Stiefel, die im Zuge der Bilder aus Somalia in Mode kamen. Und ich glaube, es war auch das Erstaunen, ja Erschrecken vor solchen Realitätsverdrehungen, das mich bewog, im Frühsommer 93 zu den deutschen Soldaten nach Belet Huen, aber auch in das völlig zerstörte Mogadischu zu reisen, nämlich zu Ausgangspunkten derartig animierender Bilder des Grauens – eine Reise, die mir viele an sich verübelten, als hätte ich einen Blick auf etwas Verbotenes geworfen. Und genaugenommen habe ich das ja auch.

Was sah ich dort? Ich sah, vor allem deutliche, mit nichts zu leugnende Hinweise auf große körperliche Schmerzen, die Schmerzen dieser oder jener verstümmelten Frau, dieses oder jenes Nomaden, ganz besonders aber

Mit Sonnenhut und Schreibblock, auf das Verbotene blickend.

eines bestimmten Kindes. Während ich noch vor Ort, in einem Lazarett, Notizen machte, schien es mir, als sei das Hauptmerkmal dieses einzelnen leidenden Menschen, eines von Granatsplittern verstümmelten, blind gewordenen, mit unvorstellbaren Schmerzen daliegenden Jungen im Alter meines Sohnes, seine vollkommene Referenzlosigkeit – er litt nicht im mindesten *für* etwas, er litt nur, weil das Land im Chaos versank und er, zufällig, in der Nähe eines Granateinschlags gestanden war.

Ein weiterer Zufall führte dann zu etwas ganz anderem: Ich mußte an der Pritsche vorbei, auf welcher der Junge, notdürftig verbunden, lag, wurde auf ihn aufmerksam und setzte mich daneben auf den Boden, und so kam, mit diesem Sitzenbleiben, in die Zufallskette ein Element des nicht Zufälligen. Etwa zwei Stunden saß ich dort; als Arzt hätte ich die Schmerzen dieses Jungen lindern müssen, als Schriftsteller blieb mir nur eins: diesem Jungen mit den Schmerzen eine referentielle Stabilität zu geben. Also erkundigte ich mich nach seinem Namen und dem Ausmaß seiner Verletzungen, und damit war es möglich zu schreiben, daß vierzehn Granatsplitter Abdul Ismails kleinen Körper trafen, Abdul Ismails Blase zerfetzten, Abdul Ismails linkes Bein durchtrennten, Abdul Ismails Kiefer und Augen zerstörten; und es wurde auch möglich zu sagen, daß, wenn Abdul Ismail stirbt – und er starb zwei Tage später –, damit ein Bewußtsein stirbt, das schon gelernt hat, in bestimmten Augen die Augen seiner Mutter zu sehen (einer Mutter, die nicht mehr lebte), das Momente des Behütetseins erfahren hat, wenn es etwa vor Sandstürmen geschützt wurde oder einfach neben einem anderen Körper einschlief; ebenso wurde es möglich zu sagen, daß nicht einfach kleine schwarze Hände aus Fleisch und Blut abster-

ben, sondern Abdul Ismails Hände, die gewiß schon gelernt haben, ein Gesicht zu betasten, eine Ziege zu len-
ken oder einen Becher zu halten, ja vielleicht das Anlitz
eines Menschen in den Sand zu zeichnen – daß also eine
Welt stirbt, die durch die Qualen, welche die Verletzungen bis zuletzt verursachten, schon vor dem Tod fast
ausgetrieben war – fast sage ich, weil der Junge Abdul Ismail ständig sein Gesicht in meine Richtung drehte, obwohl er mich nicht sehen konnte, während ich wieder
und wieder auf seine dunklen Verbände schaute, als
könne das Sehen (das man mir übelnahm) nicht Schritt
halten mit dem Hinschauen.

Ich habe diese Begebenheit später nicht in die Reisenotizen aufgenommen, ich konnte das nicht. Über diesem Jungen, über diesem Schmerz mit der Bezeichnung
›Abdul Ismail‹, lag noch eine Art Bann, der Bann des
Herrenlosen, Maßlosen, einer jeder Sprache, jedem
Symbolisierungsbemühen spottenden Wirklichkeit. Abdul Ismail ist für mich kein Sinnbild des Schmerzes, hinter dem das Wort Schmerz und also der Schmerz verschwindet: er *war* der Schmerz, und erst jetzt, nach mehr
als eineinhalb Jahren, ist dieser Bann gebrochen; mit dem
Abstand der Zeit vermag ich heute sogar über das hin-
auszugehen, was uns das Fernsehen, ohne auch nur eine
Stunde zu zögern, davon gezeigt hätte – Aristoteles bemerkt in seiner Poetik, es sei nicht die Aufgabe des
Dichters, zu berichten, was geschehen ist, sondern vielmehr, was geschehen könnte und was möglich wäre, wobei er sehr auf das Metaphorische setzt: »Denn gut übertragen bedeutet das Verwandte erkennen können.«

Das Verwandte – aber ist jede Annahme einer auch
noch so entfernten Verwandtschaft zwischen dem
Schmerz, den ich im folgenden, bereits unterwegs zur

Metapher, ›den Schmerz Abdul Ismail‹ nenne, und dem
Leiden, dem in unserer Gegenwartsliteratur hier und da
zu einer Welt verholfen wird, nicht ungeheuerlich, meine
Damen und Herren, ein Frevel? Mir scheint das jedenfalls so, wann immer ich mich darauf besinne; doch ich
besinne mich eben nicht immer darauf (in dem Fall
könnte ich kein Wort mehr schreiben), ich besinne mich
auch auf etwas anderes, nämlich die Sprache, in der *mein*
Schmerz verborgen ist, und mache so einen Sprung vom
Indikativ, den ›der Schmerz Abdul Ismail‹ erzwingt,
zum Konjunktiv der Fiktion, zur Literatur, in welcher
der Autor den Indikativ der eigenen Körperlichkeit zu
überwinden sucht.

In einem seiner Tagebücher hält Kafka (um 1910, also
im Alter von siebenundzwanzig) fest: »Meine Ohrmu-
schel fühlte sich frisch, rauh, kühl, saftig an wie ein Blatt.«
Doch schon die nächsten Zeilen lauten: »Ich schreibe das
ganz bestimmt aus Verzweiflung über meinen Körper
und die Zukunft mit diesem Körper.« Und dann folgt,
ein Absatz weiter, etwas isoliert die knappe Bemerkung:
»Schriftsteller reden Gestank.«

Von Abdul Ismail, von seinen entzündeten Wunden,
ging ein furchtbarer Gestank aus, ein Gestank, der allein
es mir schon verboten hatte, die ganze Szene sofort zu
verwenden; diesen Gestank, als wichtigen, unzweifelhaften Indikator des Schmerzes, *zu schreiben* – in dem
Sinne, wie Kafka es, vermutlich, mit »Zu reden« meinte –
gelingt nämlich erst, indem die zerstörte Welt des Abdul
Ismail verlassen wird, ich dem Gestank eine neue, metaphorische Welt gebe – »Durch die lockeren, mit Blut
und Eiter getränkten Verbände, in deren Falten immer
wieder Fliegen verschwanden, stank es wie aus einer
Fleischkonserve, die man, lange nach ihrem Verfalls-

datum, arglos öffnet, ein Gestank, der einen beinahe auf-
schreien läßt, als habe man plötzlich das Bild des eigenen, sicheren Faulens vor Augen ...«

Meine Damen und Herren, wenn Krieg, wenn Gewalt, wenn Schmerz den Leidenden oder in Mitleidenschaft Gezogenen die Welt austreibt, dann ist es, hoffent-
lich, nicht verwegen zu behaupten, daß Literatur das
Wiedereintreiben von Welt ist, die Rettung einer in Not
geratenen oder schon zerrütteten Sprache, das Brechen
eines Banns, der über dem Schmerz *ohne* Welt liegt.
Sprache als bedeutendstes Zeugnis unserer Selbstaus-
dehnung wird durch die Literatur der Auslöschbarkeit
entzogen – mit welchem Erfolg das geschieht, zeigt die
Wut, mit der der Autor eines Buches, dessen Wirkung
nicht mehr getilgt werden kann, nun schon seit Jahren
verfolgt wird. Man will, indem man zum Mord an Sal-
man Rushdie aufruft, gar nicht so sehr ihn als Indivi-
duum, sondern vielmehr die Macht der Schrift töten, die
er verkörpert; den Fall Rushdie vergessen heißt darum
das Wesen der Literatur preisgeben, den Weltgewinn
(nicht die Weltdeutung, die ist Sache von Religion und
Philosophie) – jenes neue Terrain, auf dem sich die Leser,
ganz nach ihrem Belieben, bewegen können; und nebenbei gesagt gilt der Mordaufruf auch und gerade diesem
Belieben, er gilt uns allen.

›Dem Schmerz eine Welt geben‹, diese Zeile über dem
heutigen Abend ließe sich jetzt ergänzen – Dem Schmerz
eine Welt geben, schreiben. Und das heißt wieder: von
sich *wie* von sich selbst reden, von dem, der da schreibt;
ich halte wenig davon, Sie werden es längst gemerkt haben, so zu tun, als gebe es mich, den Autor, dieses private
schreibende Ich, das hinter jedem veröffentlichten Wort

steht, nicht. Auch wenn eine Verwischung des menschlichen Ursprungs den Rang eines Werks allgemein anhebt – bestes Beispiel: die Bibel, zweitbestes Beispiel: Die Odyssee –, liegt mir die Beteiligung an einem solchen Spuren Verwischen fern. Das Schreiben entlastet mich zwar vom eigenen Körper, löst mich, ein gutes Stück, aus der Vergletscherung durch das Körpersein, doch es verwandelt mich in keinen Geist.

Sehr deutlich wurde dies, glaube ich, in den Reisenotizen über Somalia unter dem Titel ›Herrenmenschlichkeit‹ – dort brachte ich eine überraschend aufgetretene Gewebeschwäche ins Spiel, einen Leistenbruch, der die Bewegungsfreiheit, meine Möglichkeit, notfalls davonzurennen, wenn es knallt, stark einengte. Das hat mir viel Spott, ja Wut eingetragen; hätte ich statt dessen über innere Konflikte aufgrund dieser Reise geschrieben, wäre mir, wahrscheinlich, Lob zuteil geworden. Provozierend für die deutschsprachigen Rezensenten war der Versuch, dem Körper als Ort des Schmerzes – an meinem unbedeutenden Beispiel – eine Referenz zu verleihen, um so die Referenzlosigkeit jener unzähligen anderen, ungleich gequälteren Körper hervorzuheben.

Ich fürchte, und das ist nicht ironisch gemeint, ein entscheidender Zug meiner Arbeit ist, neben der Selbstvorhersage (ich werde ein Schriftsteller), die in der ersten Vorlesung schon erwähnte Selbstverstoßung – ist, über das hinaus, was wir früher, in der Schule, Angeben oder Aufschneiden nannten (Aufschneiden, das sollte man wörtlich nehmen), mehr als ein äußerstes sich Vorwagen: nämlich das neben sich Treten, das sich Verwerfen, vielleicht auch der Selbsthaß – ich mag dieses Wort nicht, es ist mir zu vielsagend; jedenfalls ein auf Distanz Gehen zu sich und dem eigenen Werk –, das Enttäuschen des Publi-

kums, das sehen muß, wie sehr der Autor selber Teil der
Fiktion ist. Ein auf Distanz Gehen also zu dem, was man
Schriftstellerblick nennt; ja, es ist ein Angriff auf diesen
Blick, dessen zeitweilige Zerstörung, um sich dadurch
selbst überhaupt wieder sehen zu können – es ist *Ödi-
pus-Arbeit*: das gegen sich selber rücksichtslose Enthül-
len, bis zur Schälung des Augapfels, in der Hoffnung auf
jene von Aristoteles hundert Jahre nach Sophokles an
dessen Werk gerühmte Katharsis, die dann Freud, gut
zweitausenddreihundert Jahre später, für sein Heil-
verfahren beanspruchte; solche Zahlen nur, um anzu-
deuten, wie herzlich wenig neu das alles ist …
    Mir war diese Ödipus-Konsequenz lange verborgen –
verborgen hinter dem populären Begriff ›ödipal‹ –, obwohl sie schon früh erkennbar gewesen wäre, nämlich in
dem Erstlingsstück ›Das Kind, oder die Vernichtung von
Neuseeland‹; ein Junge mit einem Klump- oder auch
Schwellfuß, einer Entstellung, deren einziger Beweis der
von der Mutter verordnete orthopädische Schuh ist, versucht, sich durch das Graben eines Lochs durch die Erde
von der Eigenheimwelt, in der er als Subjekt zu Hause
ist, selbst zu verstoßen, um in einer anderen, antipodi-
schen Welt, auf dem Kopf stehend, wieder aufzutauchen;
ein Kind, das alles über sich zur Sprache bringen will, um
jeden Preis. »Ich habe noch nie etwas erlebt«, sagt es zu
seiner Mutter und sieht damit dem Mangel ins Auge, seinem Status als Möchtegernmenschen. Schließlich erschlägt es den Therapeuten, der beauftragt wurde, ihm
die Graberei auszureden, den Fluchtweg zu verbauen,
erschlägt ihn, ohne schuldfähig zu sein, und lädt damit
doch eine Tat auf sich, für die es dann, von anderen, in
dieser Welt verstoßen wird: es wechselt die geschlossene
Anstalt, vom Eigenheim kommt es in die Psychiatrie.

Ödipus ist bekanntlich durch die Hamartia befleckt, die objektiv furchtbare Tat ohne subjektive Schuld, durch das, was im Neuen Testament dann zu dem Begriff Sünde wird; die Griechen achteten ja nur auf die Tat und die Worte, nicht auf die Gesinnung; die Hamartia ist also nicht Folge einer Schwäche des Helden, sondern Grundmöglichkeit menschlicher Existenz. Dieses Denken fand sich dann in der Psychoanalyse wieder, jedenfalls in deren Leseart während meines Studiums; überhaupt gab es damals, auf allen Ebenen, Ansätze, ohne die Idee der Sünde auszukommen. Heute scheint mir dagegen dieser Begriff eine Renaissance zu erleben und damit die Verstoßung durch andere; und die einzige Welt, die dem Schmerz dann zugestanden wird, ist die der Hölle. Was bleibt, ist, der Verstoßung durch andere vorauszueilen – in der Literatur, weiß Gott, nichts Neues; denken wir an Tolstoi, der sich selbst und die Kunst gegen Ende seines Lebens verdammt hat, denken wir aber auch an Autoren wie Brentano, der, in den Kirchenschoß geflohen, widerrief, was er gedichtet hatte, oder Kleist, der sich selbst gänzlich beseitigte. Und in der Gegenwartsliteratur gibt es wieder so ein Vorauseilen und Vorwegnehmen, wie ich an einem Beispiel zeigen werde.

Neutestamentarische Zeiten wie unsere sind schlechte Zeiten für Ödipus, für die Tragödie, das Theater, die Literatur, für das ›Gestank Reden‹, und ich glaube, die Umkehr in diesem kulturellen Bereich verbindet sich mit all dem, was nun seit über einem Jahrzehnt an Ideen und an Ängsten, an Zahlen und Bildern, an Unwahrem und Wahrem um das Wort ›Aids‹ kreist. Eine Umkehr, gegen die sich vor allem die Betroffenen stemmten, vielfach Künstler, wie wir wissen, die mit ihren Mitteln, oft bis zum Schwinden der Kräfte, bis zum vorletzten Atemzug, dem Stigma der Sünde entgegenzuwirken suchten, das ihnen immer neu aufgedrückte Kainszeichen zurückwiesen, jede Hypokrisie ablehnten – die alles dafür taten, ihrem Schmerz eine andere Welt als die der Hölle zu geben.

Literarisch wohl am deutlichsten gegen jede Heuchelei gewandt hat sich in letzter Zeit, mit einer gegen sich selbst rücksichtslosen, in der Tradition des Ödipus stehenden Eigenentblößung, der französische Romancier und Fotograf Hervé Guibert, geboren 1955, gestorben im Dezember 91. Schon seine erste längere Erzählung, ›Blinde‹, noch vor dem Erkennen der Krankheit geschrieben, zeigte ihn mir als einen mit der Tragödie des Ödipus tief vertrauten, der die Legende um den eigenen Körper in der Tradition Batailles fortführte. Die Blinden, unter die sich der Erzähler in ihrem Heim mischt, sie treiben es in aller Unschuld, Turngeräte wie Reckstangen und Böcke nutzend, miteinander – und beflecken sich doch. Ich wunderte mich nach diesem radikalen Buch nicht, als 1990 ›Dem Freund, der mir das Leben nicht gerettet hat‹ erschien, Guiberts Veröffentlichung seiner Krankheit und der Kampf gegen ihre Konnotationen; nebenbei auch die Veröffentlichung einer anderen Aids-Passion, der von Michel Foucault, dessen frühen Tod wir alle noch einer geheimnisvollen Blutvergiftung zugeschrieben hatten. Auf dieses ebenfalls radikale und dazu gegen sich selbst völlig rücksichtslose Buch, das mit dem Satz endet: »Ich habe endlich meine Kinderbeine und meine Kinderarme wieder«, folgte 1991 Guiberts ›Le protocole compassionnel‹, das so beginnt: »Eines Nachts, um vier Uhr morgens, betrat Jules meine Wohnung mit einem Schlüssel und legte am

Fußende meines Bettes, mir wurde im Schlaf seine Anwesenheit kaum bewußt, eine Plastiktüte hin, die bis
oben mit Beutelchen voll DDI gefüllt war, diesem neuen
Medikament, auf dessen Auslieferung ich seit eineinhalb
Monaten vergebens wartete, am Ende meiner physischen und seelischen Kräfte, nachdem ich das AZT hatte
absetzen müssen, das ich hämatologisch nicht mehr ver-
trug und das bei mir niemals die erhoffte Wirkung gezeigt hatte, bei mir, der ich täglich einer Bewegung verlu-
stig ging, die ich am Vortag noch vollbringen konnte, der
ich Schmerzen litt, wenn ich den Arm hob, um mich
zu kämmen, um das Deckenlicht des Badezimmers zu
löschen, den Ärmel eines Kleidungsstücks überzuziehen
oder abzustreifen, der ich seit langem schon nicht mehr
laufen konnte, um einen Autobus zu erreichen …«

Guiberts erster Satz ist hier noch lange nicht zu Ende,
die Ouvertüre seines ›Mitleidsprotokolls‹ erstreckt sich
über vier Seiten – »der Körper eines Greises hatte Besitz
von meinem Körper, dem eines Fünfunddreißigjährigen,
ergriffen«, lese ich dort im weiteren, und noch mehr erschüttern mich die letzten Zeilen: »Seit Wochen und aber
Wochen hatte ich keinen Orgasmus mehr gehabt, und
ich war erstaunt über den Überfluß an Samen, der plötzlich meinem Körper einen jugendlichen Trieb verlieh …
und was *Sie* am erstaunlichsten finden werden, ist, daß
ich über das Mittel zum Selbstmord verfüge, die beiden
Digitalis-Fläschchen sind dort in meinem geöffneten
Koffer, unter der Leibwäsche …« Hervé Guibert hat dieses Mittel dann tatsächlich angewendet, und doch war
sein letztes Mittel die Literatur, die Fiktion, was nicht
heißt: das Augenverschließen, die Flucht; denn »die Ge-
schichtenerzähler sind«, wie John Berger feststellt, »Se-
kretäre des Todes«. ›Le protocole compassionnel‹ war

kein Schlußpunkt: im Sommer vor seinem Tod (Hervé
Guibert starb während der Weihnachtstage an den Folgen des Giftes) setzte der Kranke alle Medikamente ab
und schrieb statt dessen einen Roman, der 1992, dem
Nachlaß entnommen, unter dem Titel ›Le paradis‹ erschien.

Von allen Werken Guiberts ist dieser Roman, ›Das Paradies‹, für mich das bewegendste; dem Autor gelingt,
seinen Schmerz noch einmal mit einer Legende zu umgeben – eine Geschichte zu finden, anfangs fast wie ein
Thriller, dann von wunderbarer Obszönität, später von
der ganzen Verlorenheit des Reisens in Schwarzafrika,
und schließlich – man merkt das Umkippen kaum – von
der ungeheuren Selbstverstoßungsenergie des Ödipus –
der Schmerz des Autors schlägt über dem Roman des
Autors zusammen, der Körper holt seine Legende ein
und vernichtet sie –, Jayne, die mit dem Ich-Erzähler so
oft und so leidenschaftlich gefickt hat, war Erfindung im
doppelten Sinne: auch im Roman gab es sie gar nicht; was
dem Erzähler, was Guibert bleibt, ist das Schreiben um
des Schreibens Willen. »Auf den Zauber des Schreibens«,
heißt es, »folgt eine Entzauberung, die Leere. Wenn ich
nicht mehr schreibe, sterbe ich.«

Und so nahm dieser große, junge Schriftsteller – der
mehr Brauchbares über die Sexualität geschrieben hat,
wie ich finde, als sein Meister Foucault, und den ich in
die Nähe von Genet rücken möchte, und der wohl nie,
fürchte ich, wie sein ebenfalls großer, ebenfalls jung und
passend zu Tode gekommener, aber nicht mit dem
Schmutzigen des Liebens behafteter Landsmann Camus
Einzug in unsere Schulbücher halten wird – als allerletz-
tes Mittel das Gift.

Meine Damen und Herren, dieses kleine Kapitel über
das Wort Aids und den Autor Guibert schloß an die Behauptung an, daß der Begriff Sünde, das Neutestamentarische eine Renaissance erlebe, anders ausgedrückt: daß
man uns, wie schon zu christlichen, in meinem Fall protestantischen Schülerzeiten, erneut in den Widerspruch
von Liebe und Frieden verwickeln will, als hätte es
die konsequente Lektüre von Freud nach 68 nie gegeben.
Aids hat einer Gegenaufklärung Vorschub geleistet, der
Rückkehr zu Gut und Böse – unser Alltag ist davon
längst erfüllt.

Letzten Sommer kaufte ich ein sogenanntes Freizeit-
hemd, es gefiel mir, da es vorn kein sogenanntes Label
trug. Doch als ich es später aus der Verpackung zog und
umdrehte, mußte ich sehen, daß über die ganze Rück-
seite das Wort ›Knockout‹ gestickt war, was ja soviel wie
›Blitzsieg‹ bedeutet; ich brachte das Hemd zurück, doch
der Verkäufer war nicht bereit, es umzutauschen, da es
bereits entfaltet sei. Auch mein Einwand, man habe mich
auf dieses ›Knockout‹ nicht vorbereitet, half nichts – das
›gehöre‹ zu dem Hemd, argumentierte der Verkäufer, ja,
gerade deswegen werde es verlangt. Wieder zu Hause,
versuchte ich dann, das aufgestickte Zeichen ›Blitzsieg‹
mit Hilfe einer Rasierklinge zu entfernen, wobei ich das
ansonsten hübsche (und keineswegs billige) Hemd vollständig ruinierte; einziger Trost: das Erzählen dieses kleinen Dramas. Und was ist das anderes als: *Dem Schmerz
eine Welt geben, schreiben*; ich habe mir mein eigenes
Sprachhemd gemacht – das Gegenteil zu diesem Votum
könnte übrigens in unserer Zeit lauten: Den Schmerz zur
Hölle schicken, Videos schauen.

Auf den Gedanken brachte mich ein Moskau-Besuch
im vergangenen Jahr; ganz unerwartet stand ich plötz-

lich vor dem Grabmal des Unbekannten Soldaten an der Kreml-Mauer, an jener Stelle, an der unsere Politiker im allgemeinen zu Schauspielern werden. Und in meiner Neugier wollte ich gleich das eigene Ergriffensein testen, aber es wurde mir unmöglich gemacht. An diesem Sonnabend schritten pausenlos Brautpaare auf das Grabmal zu, ihnen voraus ein Verwandter mit Videokamera, der den Gang festhielt; sie verharrten nicht einmal eine Sekunde vor der Gedenkstätte – sie gingen darauf zu, sahen in die Kamera und eilten zum Wagen zurück. Der Verschiebung des persönlichen Leids – welche russische Familie hat der Krieg nicht verkleinert – auf einen imaginären Körper, den des unbekannten Soldaten, scheint eine Auslöschung des Leids im Bewußtsein gefolgt zu sein; die Realitätszerstörung durch Hitlers Feldzug, in Form von zwanzig Millionen Toten, jeder unter individuellen Qualen gestorben, vollendet sich in diesen Hochzeits-Videos mit Grabmal-Szene; und kein Oberst, der errötete, ist in Sicht.

Errötet ist nur ein Moskauer Bekannter, der mich viel herumgeführt hat, Theaterwissenschaftler, den heute niemand mehr braucht; in einem Essay schreibt Wladimir Koljasin: »Wenn man am Feierabend in die stinkenden Därme unter der mir einst so teuren Puschkinskaja hinabfährt und einem das Geheul des Geistlosen entgegenschlägt, möchte man am liebsten sofort flüchten, egal wohin. Doch bald kommt man zur Besinnung und sagt sich: Man wird nirgends erwartet.«

Wir sprachen viel über dieses Geheul des Geistlosen: wo überall es einem heute in Moskau und wo überall es einem heute bei uns entgegenschlage. Hier, in der Stadt Frankfurt am Main etwa, schlägt es einem ja nicht entgegen aus den eher ruhigen, eher hausbackenen, im Einzel-

fall sogar geistvollen U-Bahn-Stationen (denken Sie nur
an die von Manfred Stumpf gestaltete, an sein Mosaik
›Einzug in Jerusalem‹ in der Station Habsburger Allee);
dafür schlägt es uns entgegen aus studententümlichen
Kulturgeschäften, die einem endlich erlauben, in der
Kulturmasse zu wühlen wie in billiger Wäsche, wo wir
alles finden, was wir im Einzelfall lieben könnten, doch,
schon multiphren geworden, kaum mehr erkennen; wo
sie einem förmlich hinterherwerfen, was an sich geeignet
wäre, Menschen aufzurütteln, den ganzen Mozart, den
ganzen Dostojewski, die komplette Frieda Kahlo – nicht
die Erscheinung, die ursprünglich zählte und nach der
lange Zeit nichts kam und dann erst die Bedeutung, wird
einem dort hinterhergeworfen, sondern gleich die Bedeutung. Entgegen schlägt uns das Geheul des Geistlosen in diesem Sinne aber auch aus Wohnungen, die
ein Programm des Selbstseinwollens ebenbildlich zum
Ausdruck bringen, aus Reden und Gesten der Fernseh-
höflinge, den Rosenkranz' und Güldensterns der Plau-
der-Teams, aus den fieberhaften Erlebnis-Offerten in
unseren immer pornographischer werdenden Stadtzei-
tungen, oder der in Watte gepackten Reklame für die
Kurse zur seelischen Aufrüstung.

   Das Geheul des Geistlosen, es kann bei uns sehr leise
sein, seine Zeichen können äußerst sensibel anmuten,
dazu noch auf den ersten, ja zweiten Blick geschmack-
voll. Man muß schon eine Zeitlang hinsehen oder hin-
hören, um festzustellen, daß es da letztlich nichts zu
sehen und zu hören gibt; ich falle jedenfalls auf diese Zeichen immer mal wieder herein, und so war es sicher heil-
sam, mir vorzustellen, auf welche Weise mein stiller
Held Karl das sogenannte Ambiente seines Vaters Kristian und dessen jetziger Frau Irene sieht.

»In jenem Sommer machte Irene eine Entdeckung, sie entdeckte die leidvollen Selbstbildnisse der Frieda Kahlo für sich (gerade noch rechtzeitig, ehe sie als Kalender und Ansichtskarten erschienen und damit unbrauchbar wurden). Man könnte aber auch sagen, sie entdeckte die Person Frieda Kahlo, die sich, aufgrund eines schweren Unfalls und einer schweren Ehe, also des schweren Lebens, selbst als Heilige Sebastiana dargestellt hatte; möglicherweise entdeckte Irene aber auch nur die Idee von der Person der Frieda Kahlo als Idee von einer Schutzpatronin weiblicher Schmerzen, während Kristian, nicht weniger umständlich, den Maler Francis Bacon für sich in Anspruch nahm (bevor dessen Bilder gleichfalls auf Kalendern und Ansichtskarten erschienen). Beider Entdeckungen führten dazu, daß über der Bettcouch, auf der sie, bis zu Iffys Geburt, gemeinsam schliefen, eine Reproduktion jenes berühmten Werkes hing, das Frieda Kahlo auf einem Stuhl zeigt, nachdem sie sich das Haar abgeschnitten hat, während im Wohnzimmer, vis-à-vis der Bücherwand, die Reproduktion jenes dreigeteilten Bildes ›Studien für eine Kreuzigung‹ befestigt war, das in diesen Jahren in jedem besseren Theaterprogrammheft auftauchte, um die Deformiertheit des Menschen zu belegen. Und so wie Irene Kristians Bacon immer weniger mochte, wurde für Kristian Irenes Kahlo immer unerträglicher …«

Aber warum immer unerträglicher? Offenbar toleriert man es gegenseitig, wenn der Sehnsucht, dem Begehren, dem Narzißmus ein Zeichen verliehen wird, aber es beunruhigt, ja verletzt einen, wenn dem Schmerz, an Stelle einer Welt, nur noch ein Panoptikum bleibt – das Marilyn Monroe-Poster im Arbeitszimmer von Stephen Hawking erscheint einem noch ironisch; an derselben

Stelle das Poster der Kahlo als Heilige Sebastiana emp-
fänden wir dagegen wohl als peinlich – es sei denn, es
gäbe kaum Reproduktionen von diesem Bild ›Die gebro-
chene Säule‹, und das Herbeischaffen einer großformati-
gen Kopie wäre selbst mit jenem gewissen Leidensweg
verbunden, den wir, das Publikum, von einer Symbolbil-
dung insgeheim doch erwarten.

Dem Schmerz eine Welt geben, meine Damen und Herren, das könnte demzufolge auch heißen: sich mehr oder
wenigstens ebenso in andere einschreiben, als sich andere in mich eingeschrieben haben; in dem Jahr, als die
Plakate, Kalender und Postkarten mit den eigentlich
wunderbaren Bildern von Frieda Kahlo und Francis
Bacon erst unsere Buchläden und Papierhandlungen,
dann die Geschenkboutiquen und schließlich die Kioske
überschwemmten, verloren diese Bilder für mich endgültig ihren Gebrauchswert als Stützen, im Sinne or-
thopädischer Wahrheit, bei meiner Einschreibung in andere. Ein ausführliches, kommentarloses Zitieren jenes
bedeutenden Kahlo-Selbstbildes mit abgeschnittenem
Haar, wie es mir noch 1983, beim Schreiben der ›Mexikanischen Novelle‹, sinnvoll erschien, wäre danach nicht
mehr möglich gewesen oder hätte seinen Zweck, anderen diese meine Bildsicht einzuschreiben, um dadurch
die Balance zu dem, was mir an Bildern schon alles eingeschrieben wurde, zu verbessern, verfehlt.
   »Das Bild war eine Reproduktion«, beginnt die kurze
Passage, in welcher sich der Ich-Erzähler in der Novelle
im Zimmer seiner mexikanischen Geliebten umsieht.
»Eine Frau saß da auf einem einfachen Stuhl; sie hatte
eine Männerfrisur und trug einen viel zu breiten, schweren Anzug. In den Fingern der rechten Hand, die wie

taub auf ihrem Schenkel ruhte, hielt die Frau eine Schere. Und um die Sitzende herum, auf dem Boden, in der Luft und um die Stuhlverstrebungen gewickelt, ein Wirrwarr von verschlungenen Strähnen, dazwischen auch ein dicker Zopf, wohl ihre abgeschnittenen Haare. Aber wie nach einem Gemetzel kam mir das vor, und die Frau – sie sah mich, als sei ich schuld an allem, schuld an ihrer ganzen Misere.«

Heute könnte ich das nicht mehr schreiben und ließe Karl, meine Legende, nie in dieser Weise erzählen; Karl muß sich schon ein, zwei Stufen darüber begeben und die Ironie bemühen oder sich weit zurückbesinnen, um noch sagen zu können, was gesagt werden sollte. Mit anderen Worten: Wer hier, in unserer Welt, lebt, muß schon gewaltigste Anstrengungen auf sich nehmen, um für den Schmerz – wie für das Glück – nicht einfach, aus einem schier unermeßlichen Angebot, ein Zeichen zu wählen, sagen wir: Mozarts Requiem oder ein Glas Gavi di Gavi auf dem Marktplatz von Siena, sondern ihn zu symbolisieren und ihm so eine eigene Welt zu geben.

Schon nach wenigen Wochen Arbeit an dem neuen Roman begann ich, als Konsequenz jener Idee, der Protagonist Kristian müßte einen erwachsenen Sohn haben, welcher der verdeckte Erzähler der ganzen Geschichte ist, nach einer Figur zu suchen, bei der ich mir genau jene Leistung des Symbolisierens vorstellen konnte. Das heißt, es war eigentlich keine Suche, es war ein Offensein für jede Möglichkeit des Findens, wie in Phasen, die einer unerwarteten Liebe vorausgehen – ich saß also nicht, kleine Zeichen der Bereitschaft sendend, in Lokalen herum, sondern strich durch die Gegend, eher müde als wach, also keineswegs gut drauf, wie man sagt.

Und in diesem Zustand betrat ich an einem Dezem-

berabend des Jahres 93, zu jener trostlosen, nur noch
vom Zehn-nach-Drei des frühen Nachmittags übertrof-
fenen Uhrzeit Fünf-nach-Neun die manchen vielleicht
bekannte winzige ›Bar Oppenheimer‹, in deren Nähe ich
wohne, und traf den dort seit Jahren tätigen, souverä-
nen Bar-Keeper Ron, der trostlosen Uhrzeit wegen,
ganz allein an, sich selbst ein Getränk mixend, offenbar
ein Experiment, ein Experiment, das ihn sehr zu beschäftigen schien, da er den nicht so seltenen Gast zunächst
gar nicht bemerkte –, was diesem Gast genau jenen Zeit-
raum verschaffte, der notwendig war, um in ihm, dem
in sein Experiment Vertieften, dessen Vater der Gast
knappstens sein könnte, ein äußeres Vorbild für seine
Sub-Erzähler zu erkennen. Ich sah da plötzlich nur noch
diesen jungen Mann, der seinen Lebensunterhalt, nach
Abschluß eines überflüssigen Studiums, durch Getränke
Mischen in einer winzigen Bar bestreitet – ein junger
Mann, der allem Anschein nach schon weiß, daß allein
die Erledigung des Alltäglichen (sorgfältig eine Frucht
schälen, gut einen Korken ziehen) über Sinn und Unsinn
entscheidet; ein junger Erwachsener also, mit ausgeprägten, aber sanften Zügen, welcher, als er den Gast dann
schließlich erblickte, nur ein knappes, fast scheues *Hi*
hören ließ, ehe er sein Mix-Experiment beendete (ohne
darüber ein Wort zu verlieren), um sich dann auf den
Gast zuzubewegen, den Klang der Musik im Vorbei-
gehen – Peggy Lee mit ihrer Platinstimme – um eine
Nuance verbessernd, und in aller Ruhe zu fragen, was er
zu trinken wünsche. Der Gast wünschte ein Glas Pinot
Grigio und notierte auf einem der kleinen karierten
Blöcke, die er immer mit sich herumträgt, den Namen
Karl.

    ›Karl‹ kam ihm in den Sinn, wie einem im Traum für

eine bestimmte Szene des gegenwärtigen Lebens eine fast
vergessene Person aus einer früheren Lebenszeit einfällt,
ein unbewußtes, oft geniales Casting; vielleicht dachte
der Gast aber auch einfach an Kafkas Karl Roßmann aus
dem Fragment ›Amerika‹, denn Ron, der ihm den Wein
brachte, um sich dann weiter seinem Experiment zu wid-
men (und den Gast schreiben zu lassen), ist Amerikaner.
Doch wie dem auch sei: Noch immer einziger Besucher
der liliputanischen Bar und in Sorge, die dort üblichen
diffusen Gäste um die Dreißig (mit der Überzeugung,
das eigene Leben sei spannend) könnten vorzeitig ein-
treffen, saß ich im hintersten Winkel und sah meinem
heimlichen Helden zu, der als Sohn von Kristian Faller
folglich Karl Faller heißen mußte, und, obgleich ich ihn
als Ron schon jahrelang kannte, als Ron nun vorläufig
ausgespielt hatte.

Kein feiner Zug, diesen jungen Bar-Mann, ohne sein
Wissen und Einverständnis, so zur Leinwand meines allmählich in Gang kommenden inneren Films zu machen,
mögen Sie mir jetzt vorhalten, und dem widerspreche ich
nur schwach; auch heute ist Ron noch nicht über seine
Funktion, die er nach wie vor erfüllt, angemessen infor-
miert, möglicherweise erfährt er es auf diesem Wege. Andererseits kann man aber auch nicht behaupten, er er-
leide ernsthafte Nachteile dadurch, daß ich gerade ihn
mir vorstelle, sobald ich an Karl denke, besser gesagt, das
an ihm, was ich kenne: sein Gesicht und die Art seines
Lächelns (nie breit, immer leicht), seine bedächtigen, fast
fürsorglichen Bewegungen (etwa wenn er ein einzelnes
Glas abtrocknet), seine Diskretion bei einer gleichzeiti-
gen, ausgeprägten Neugier (ohne Neugier nähme man
diese Arbeit nie an); seine Attraktivität für beide Ge-
schlechter, wie ich mir denke, und diese Kleinigkeit: zwi-

schen die Flaschen, aus denen er seine Getränke zaubert, eine Muttergottesfigur zu stellen, ohne daß es ein blöder Effekt wäre, nur eben der Überraschungseffekt jeder Metapher; aber auch folgende Nebensache: selbst bei geringstem Nachdenken, wo etwa das Wischtuch gerade liegt, einen Finger an den Mund zu führen; und, last not least, die Wahl der Kleider: Hemden, Hosen, Sakkos so leicht, so unbestimmt wie sein Lächeln, gelegentlich in einem hinterhofhaften Gelb oder Blaugrau, meistens aber in Schwarz und Weiß, doch nicht auf den Kontrast setzend; das Weiß wird durch das Schwarz eher in den Ton einer schon leicht mitgenommenen Tapete verwandelt. Eine Person der Zwischentöne also, die es sich aber nicht zugute hält, eine Person der Zwischentöne zu sein – jemand genau zwischen den Stühlen Jung und nicht mehr Ganzjung; jemand von sprühender Zurückhaltung: ein sympathisches, nämlich unscheinbares Original.

Mit diesem Karl, meine Damen und Herren, oder Kerl, konnte ich den Roman nun angehen, den Erzählton für etwas finden, zu dem ich eigentlich noch nicht genügend Abstand habe, die letzten dreißig Jahre, mir das Gefühl für jene eigene, von der Wirklichkeit unabhängige Zeit erarbeiten, in die wir Leser eines Romans – so er etwas taugt – rasch hineingezogen werden; im Grunde eine Form der Zeitlosigkeit, einer endlichen allerdings: für mich die virtuelle Naht zwischen Literatur als fiktivem Leben und Tod als nicht mehr endender Zeitlosigkeit.

So er etwas taugt. Natürlich wüßte ich dies gerne vorher, vor einer Veröffentlichung, aber alle Hinweise – abgesehen von den genau dosierten, leichten Zeichen der Sympathie mit dem Text von seiten meines geschätz-

ten Lektors, auf den ich noch komme – sind trügerisch.
Also muß ich mich gedulden, bis das fertige Buch auf
dem genauesten und erbarmungslosesten Prüfstand für
seine Tauglichkeit kommt, nämlich den der Lesung.
Erst wenn ich Abend für Abend, wochenlang, dieselben Stellen vorgetragen habe, ohne den Text und damit mich am Ende zu hassen, halte ich einen Roman, als
Legende um den eigenen Körper, für einigermaßen gelungen.

Aber ich stünde kaum hier, gäbe es keine Aussichten,
nicht auch durch diese Vorlesung schon den einen oder
anderen Hinweis auf die Tauglichkeit dessen, woran ich
arbeite, zu bekommen – und welche schärfere Prüfung
einer laufenden Romanarbeit kann es geben als das Vortragen der Anfangssätze – aus einer frühen Fassung, füge
ich gleich wieder hinzu, im stillen hoffend, es möge
schon die endgültige sein.

»Kann man das Meer besitzen? Sicher hätte Kristian
nein gesagt, auch wenn er dem innerlich zustimmte,
während Irene nie den Gedanken los wurde, eines Tages
in dem maßlosen Blau, das er nur ›Sein Mittelmeer‹
nannte, unterzugehen (was sie ganz richtig vorhersah).
Die beiden hatten sich erst vor kurzem das schwer
wiedergutzumachende Jawort der Ehe gegeben, traten
aber schon lange als Paar auf; neunzehnhundertsie-
benundsiebzig war das letzte Jahr, in dem es für Kristian
keine Irene gab, er also ganz, oder lediglich, Kristian
war (was sich auch, umgekehrt, von Irene sagen ließe,
wenn es nicht den Eindruck gleich verteilter Sympathien
erweckte). Am Anfang wollten sie sich einfach ken-
nenlernen, und als daraus, letzten Endes, ein Kind
hervorging, kannten sie sich bis zur Verzweiflung;

Paare sind Festungen – weh dem, der ihre Geschichte erzählt.«

Nun, ich ahne schon, was mein langjähriger Freund
und Lektor Müller-Schwefe dazu bemerken könnte, ver-
schweige es hier aber; ich sage nur, ihn rühmend, daß er
meine Texte vor allem an meinen Texten gemessen hat,
an jenen besseren Stellen, an denen sich die Sprache, auch
für den Autor unerwartet, plötzlich steigert – Stellen,
über deren Zustandekommen ich viel weniger weiß als
über das Zustandekommen des eher Gebastelten, Stellen, über die man auch nicht zuviel wissen sollte: sonst
ergeht es einem wie dem aufgeklärten Tausendfüßler ...
Ich verrate aber auch, daß ich immer vor zu kostbaren
Worten gewarnt worden bin, Worten, die dann meist in
der Versenkung verschwanden, um im nächsten Manuskript, wie U-Boote, erneut aufzutauchen, sowie gewarnt worden bin vor einer Neigung, mit der Tür ins
Haus zu fallen, am Anfang schon zuviel zu erledigen,
und da wäre dann also bei diesen ersten Sätzen zu fragen: Weshalb gleich dieses maßlose Wort Maßlos, warum
nicht nur Blau?; und weshalb diese frühe Information,
›was sie ganz richtig vorhersah‹, noch dazu in Klam-
mern? Die wer eigentlich setzt? Und warum gleich *beide*
erwähnen? Natürlich wegen des zweiten Satzes – ich
mußte ja weiterkommen ... Lassen wir es also; und nehmen wir einmal an, das grundsätzliche Problem beim
Komponieren: wie komme ich von einem Ton zum
nächsten, sei auch das grundsätzliche Problem beim
Schreiben, nämlich, wie komme ich von einem Satz, besonders dem ersten Satz, zum nächsten. In diesem Fall
über die Einführung zweier Personen, genauer, eines
Paars, was es möglich machte zu sagen: »Die beiden hatten sich erst vor kurzem das schwer wiedergutzuma-

chende Jawort der Ehe gegeben, traten aber schon lange als Paar auf«; ein zweiter Satz, der mir, im nachhinein, fast besser gefällt als der erste, er scheint mir weniger gewichtig – Karls künftiger Ton liegt schon darin, was vielleicht mehr zählt, als auf ein späteres Ereignis anzuspielen –, Sie sehen, es gehört wenig dazu, um über der Bewegung des Schreibens den Kopf zu verlieren, einer Bewegung, bei der man vor allem die Schwerkraft der Klischees – der eigenen, durch viele, beinahe schon vergessene Kompromisse erträglich gestalteten Verhältnisse – überwinden und auspendeln muß.

Denn die Klischees, unsere Nachahmungen ohne eigenen Aussagewert, haben immer etwas mit dem Liebgewonnenen zu tun, ob dieses nun angenehm oder unangenehm ist; sie haben etwas mit dem zu tun, was man Privatleben oder Intimssphäre nennt, gleichgültig wo sich das abspielt, im Eigenheim, in der WG, in der hübschen Altbauwohnung; sie haben etwas zu tun mit Anhänglichkeit, an sich selbst und andere, ja, ich wage hier zu sagen: mit Nächstenliebe haben Klischees etwas zu tun, wobei es eben nicht auszuschließen ist, daß man sich selbst als den Allernächsten betrachtet. Und genau hier liegt für mich der Punkt des Zwiespalts bei einem Schreiben, das dem Schmerz, über das Mittel des Aussichheraustretens, eine Welt zu geben versucht: Daß Ekstase und Nächstenliebe, wie man weiß, leider überhaupt nicht einander vertragen.

Was heißt das nun, bezogen auf Karl, wie weit darf er gehen? Darf er zum Beispiel über Kristian, seinen Vater, den er sozusagen nur aus zweiter Hand kennt und sich immer wieder auch als Leidenden vorstellt (denn wie sollte er sonst die Zärtlichkeit des Biographen aufbringen?), darf er über ihn folgendes annehmen:

»Kristian haßte diese Stadt, die so hinterrücks sein Zuhause geworden war, vor allem die Paradeplätze wie den
vor der Oper (ehrlicherweise einst für das Abstellen von
Autos gedacht) mit ihrem Gebräu aus Festlichkeit und
Gemeinwohl, wenn es da etwa, an ersten warmen Tagen,
zu wimmeln begann, Paare im Alter von ihm und Irene
zu einem Abend mit Flamencotanz drängten, die Frauen
schon waghalsig gekleidet, eben die Hälse zeigend –
dünnste Stelle über dem Schmerz, dachte er oft –, während die Gesichter wie hinter Firnissen lagen, auch die
der Männer, hinter dem eines Barts oder Ringsleins im
Ohr; lauter Besitzerinnen von Parfümerien und lauter
Besitzer von Galerien schienen sich auf diesem Platz hin
und her zu bewegen, wie auf besonderen Schienen, die
zu verlassen sofort ins Unglück führte.

Grauenvoll und erbärmlich waren sie für ihn, diese
Leute, allein schon die Nägel der Frauen: Tyrannei und
Gebrechen in einem, wie die zierlichen Telefone der
Männer; Kristian sah nur diesen Kriegszustand der
Schönheit und bedauerte die Paare, die nicht mehr
aus ihm herausfanden oder glaubte sie zu bedauern,
denn nicht selten beneidete er sie auch – immer wieder gab es ja hier für ihn, den Erfinder der Stadtführ-
rer für Alleinreisende, Tage, in denen der Tod steckte,
eben besonders im Mai, wenn auch in der Natur das
Wimmeln begann, wenn alles ausschlug um einen, die
Stadt mit grünlich gelber Akne überzog, wenn warmer
Wind ein Gewölle durch die Luft trug und in den
Hecken die Vögel schrien, was beinahe jeder für Zeichen des Frühlings hielt, eines unbändigen Erwachens,
er jedoch für Zeichen eines unbändigen Eingeschnürt-
seins …«

Ich glaube, Karl darf das annehmen. Es ist nichts wei-

ter als eine auf kleinen Hinweisen, aber auch auf der
eigenen Hoffnung, Kristian, der Vater, möge so sein,
beruhende Imagination, die den handelnden Helden
menschlicher erscheinen läßt, oder einfach gesagt: besser; Karls Imagination, ja überhaupt seine Vorstellungskraft, ist beim Erzählen, ist beim Schreiben, behaupte
ich, das wichtigste Werkzeug des ›Guten‹, wenn Sie mir
diesen ebenso klaren wie unklaren Begriff, auf den ich
gleich zurückkommen werde, hier einmal erlauben.

Die Vorstellungskraft, mit der Karl die Personen des
Romans entwickelt und damit auch den Gang der Hand-
lung, ist vom Mitgefühl gar nicht zu trennen; ohne Mitgefühl wäre sie undenkbar, wodurch sein Erzählen – und
ich meine, jede Literatur – im Grunde moralisch ist, auch
wenn darin an keiner Stelle explizit Unterscheidungen
getroffen werden zwischen Gut und Böse.

Ich treffe jedoch, wie die kurze Passage gezeigt hat, Unterscheidungen zwischen Nicht-Schmerz und Schmerz,
zwischen Nicht-Grauen und Grauen; so zu unterschei-
den ist eine private Moral, und ich habe jedes Bemühen,
sie mit einer Moral, wie sie von Intellektuellen häufig erwartet wird, zu vereinen, aufgegeben. Wohl am deutlichsten wurde das bisher in meinem Text ›Herrenmenschlichkeit‹; da heißt es am Schluß: »Der junge Mann, ein
schwerverletzter Somalier, lag flach auf einem Brett
und sah in die Luft, er trug eine Sonnenbrille; über das
geschwollene, stark verfärbte Bein liefen Fliegen. Ein
Wunder oder der Tod, sagte er in meine Richtung, als ich
schon meinte, ich sei für ihn längst nicht mehr da. Schräg
hinter seinem Kopf saß ich im Sand, neben den An-
gehörigen, die ihr Kat kauten. Später, als eine Spritze gegen die Schmerzen gewirkt hatte, begann der junge
Mann zu murmeln (Koranverse, denke ich mir), wobei

seine Fingerkuppen über die Bügel der Sonnenbrille stri-
chen; es war die einfache schwarze Plastikbrille der
Plünderer und Hilfspolizisten von Mogadischu, und er
strich darüber wie unsereiner über das fertige Manuskript oder andere über die Reling ihrer schneeweißen
Yacht.«

Hier galt es, vor allem eins zu vermeiden: Die Verbindung von Aktualität mit verzweifelter Güte, die ja leider
etwas sehr Deutsches ist, sie bestimmt bis heute den Ton
eines populären, irgendwie gerade noch linken Intellek-
tualismus, denken Sie nur an den ›Stern‹. Und wahrscheinlich habe ich deshalb Abdul Ismail und seine
Qual noch eine Zeitlang für mich behalten – für die Er-
zählhaltung in dem Roman, an dem ich arbeite, war dieses Tagebuch ›Herrenmenschlichkeit‹ jedenfalls eine Voraussetzung.

Karl stellt sich das Leben seines Vaters Kristian nur
vor, er bewertet es nicht, außer, daß er ständig zwischen
Schmerz und Nicht-Schmerz in diesem Leben, das sein
Leben verursacht hat, unterscheidet; Mitgefühl und Vorstellungskraft gehen Hand in Hand. Und sollte seine
Erzählung gelingen, dann steigerte sie die Empfindlichkeit ihrer Zuhörer, den Autor eingeschlossen, für den
Schmerz anderer; Empfindlichkeit für den Schmerz anderer zu steigern ist für mich die einzig erkennbare
gesellschaftliche Funktion, besser gesagt, der einzig erkennbare – mir auch vertretbar erscheinende – gesellschaftliche Effekt von Literatur – ein Effekt, der im übrigen stark nachläßt, sobald sich Autoren in Talk-Shows
zeigen, nachträglich ihr Schreiben verpfuschen; unser
großes Glück ist es, daß wir Franz Kafka, dessen Werk
diesen Effekt: Empfindlichkeit für fremden Schmerz zu
steigern, in hohem Maße hat, nicht heute, Dienstag, 23

Uhr, als Gast von Alfred Biolek erleben können, in einer Runde mit dem Thema Ewige Söhne …

Literatur, meine Damen und Herren, läßt einen wissen, daß der eigene Schmerz nicht einmalig ist und man selbst demnach auch nicht – dadurch werden wir etwas kleiner; gleichzeitig ermöglicht sie uns, brüderlicher oder schwesterlicher zu empfinden, wodurch wir wieder etwas wachsen. Die Qualität eines Buchs, eben sein ›Gutes‹ im erweiterten Sinn, ist mit dieser Art Breitenwirkung verbunden; und in dem Zusammenhang jetzt der Versuch, die aus der zweiten Vorlesung noch ausstehende Antwort zu geben. Es ging um Antwort auf die Frage, ob Literatur vor allem Weiblichkeit lehrt, indem sie bewußtmacht, wie sehr wir uns auf ›Weibliches‹ stützen, wenn wir etwa unsere Empfindlichkeit für fremden Schmerz steigern, oder ob es bei der Literatur, Oscar Wilde folgend, allein um die Erweckung von köstlich nutzlosen Gefühlen geht.

Ich könnte mir die späte Antwort leicht machen, sagen, daß es gar keine nutzlosen Gefühle gibt und alle köstlichen zum Weiblichen nicht im Widerspruch stehen; ich könnte sagen, daß Bücher, die keine Gefühle hervorrufen, ob nun köstliche oder nutzlose oder köstlichnutzlose, Beispiele mißlungenen Schreibens, gescheiterter Schöpfung seien, aber jedes Literatur definierende Wort ist ja vor allem eine mächtige Selbstaussage, und die möchte ich nicht allein treffen, ich ziehe einen anderen Autor hinzu. Er bemerkt über das Lernen einer Sprache – das ich mit dem Schreiben, mit dem Lesen vergleiche –, dieses Lernen sei nichts weiter als nützlich. Aber in der erlernten Sprache dann etwas, wie Guido Ceronetti, Turiner, Jahrgang 27, in seinen ›Teegedanken‹ schreibt, »vom Sprechen zu lernen ist erst das Wesent-

liche. Bis zum Wort vorzudringen ist das einzige, was
zählt. An den Klang, die Schwingung zu rühren«. Und
gleich im nächsten Absatz heißt es: »Das Geheimnis des
Sprechens gehört nicht nur den Lebendigen, sondern
schließt die Toten mit ein.«

Nun die vorsichtige Antwort auf eine unvorsichtige
Frage: Literatur ist zunächst einfach nützlich, sofern wir
nach der Lektüre mehr vom anderen verstehen als vorher; darüber hinaus zeigt sie uns, dringen wir, die Hand-
lung, die Bedeutung außer acht lassend, in ihren Ton
ein, daß die Personen austauschbar sind, vergänglich wie
wir Leser – daß nichts von der eigenen Sprache, die ein
Roman darstellt, bleiben wird und also zählt außer
einem nun buchstäblich nutzlosen und dabei köstlichen
Schwingen der Wörter, ihrem Dahinfließen, das jener
›weiblichen Wahrheit‹ entspricht, von der in der zweiten
Vorlesung die Rede war. Literatur könnte darum ›Weiblichkeit‹ im doppelten Sinne vermitteln, als Quelle von
Vorstellungskraft, dem Werkzeug des ›Guten‹; und als
köstliche Kraftverschwendung – als Einsicht in die Sinn-
losigkeit, mit der Zeit zu wetteifern, als Einsicht in den
Tod – aber nicht nur in *den* Tod, der das Leben beendet,
auch in ›Die Krankheit Tod‹, von der Marguerite Duras
spricht.

»Es gibt keine Grenze für das Totsein«, schreibt Ceronetti in den ›Teegedanken‹; auch ihm ist diese schwere
Krankheit, die alles Weibliche in uns erstickt, vertraut,
wie sie jedem Schriftsteller, jeder Schriftstellerin vertraut
ist. In der Literatur leben heißt eben auch: erfahren, daß
man eigentlich immer tot sein kann, in jedem Alter; und:
daß die Legenden um den eigenen Körper im Grunde
Legenden um das eigene Totsein sind – was in dem Jahr-
hundert kaum ein Autor schmerzlicher wußte als der des

›Hungerkünstlers‹, und damit kehre ich zum Anfang dieser Poetik-Vorlesung zurück.

Um 1911, also noch vor Ausbruch seiner Lungenkrankheit, hält Franz Kafka im Tagebuch fest: »Mit einem solchen Körper läßt sich nichts erreichen. Ich werde mich an sein fortwährendes Versagen gewöhnen müssen. Von den letzten wilddurchträumten, aber kaum weilchenweise durchschlafenen Nächten bin ich heute früh so ohne Zusammenhang gewesen … Mein Körper ist zu lang für seine Schwäche, er hat nicht das geringste Fett zur Erzeugung einer segensreichen Wärme … kein Fett, von dem sich einmal der Geist über seine Tagesnotdurft hinaus ohne Schädigung des Ganzen nähren könnte. Wie soll das Herz das Blut über die ganze Länge dieser Beine hin stoßen können. Bis zum Knie wäre genug Arbeit, dann aber wird es nur noch mit Greisenkraft in die kalten Unterschenkel gespült. Nun ist es aber schon wieder oben nötig, man wartet darauf, während es sich unten verzettelt …«

Dies klingt, als spräche Kafka hier nicht vom eigenen Körper als seiner natürlichen nächsten Umgebung (die für ihn alles andere als Heimat war), sondern vom Körper als von seinem Innenleben, seinem zerrütteten Selbst – jeder andere, oder sagen wir: jeder von sich abgelenktere hätte es doch wohl einfach mit dem Stichwort *Durchblutungsstörungen* bewenden lassen, nicht aber er, Kafka, dessen Kreislauf sich in den Beinen ›verzettelt‹, wodurch die körperliche Größe zu einem schieren Hindernis wird, das, verglichen mit dem stattlichen Körper des Prager Kaufmanns und Vaters von Franz, ein schlechter Witz ist, etwas Groteskes hat, das von vornherein als Bestandteil eines Generationenvertrags, der ja vorsieht, daß Väter eines Tages hinter den Söhnen auch physisch-sichtbar zurücktreten, ausscheidet. Im berühmten ›Brief an den Vater‹ schreibt Kafka im Alter von sechsunddreißig: »Ich war ja schon niedergedrückt durch Deine blosse Körperlichkeit.« Und immer wieder kommt er in dem mehr als hundert Seiten langen, handgeschriebenen ›Riesenbrief‹, wie er ihn selbst nannte – einem einzigen maßlosen Lebenszeichen aus dem eigenen Totsein heraus –, zurück auf diesen Körper, den es eigentlich nicht gibt; viele Seiten weiter lesen wir: »Aber da ich keines Dinges sicher war … nichts in meinem eigentlichen, unzweifelhaften, alleinigen, nur durch mich eindeutig bestimmten Besitz war, in Wahrheit ein enterbter Sohn, wurde mir natürlich auch das Nächste, der eigene Körper unsicher …«

Was dem Enterbten – dem Kaufmannssohn Franz Kafka mit einem enteigneten Körper – blieb, war eine ebenso schonungslose wie empfindliche Aufmerksamkeit für diesen Körper, genaue Kenntnis jeder kleinen Wunde (wie wir es sonst bei Kindern erleben) und ein sorgsames, ja, man muß sagen, hochtalentiertes Anlegen der Verbände, welche die Wunden, die Leerstellen verdecken und doch, wie nichts anderes, auf sie hinweisen: Signifikanten namenlosen Schmerzes, eines eigenen Totseins, und nicht etwa ›irgendeines‹ Unglücklichseins (nebenbei gesagt: unglücklich sind Autoren – und das galt besonders für Kafka – vor allem wegen der Erfolglosigkeit; nun aber zu behaupten, sie seien unglücklich, da eben Schreiben ihr Leidensweg, ihre Passion ist, stellt nicht nur Ursache und Wirkung auf den Kopf, sondern bedeutet eine weitere Ohrfeige für den Schriftsteller, die sein Unglück nur vermehrt und, schlimmer noch, volkstümlichen Ansichten über das Schreiben Recht gibt –

was übrigens ebenso verletzend ist, wie von diesem oder jenem, das einer nicht gleich verdaut, als ›kafkaesk‹ reden zu hören).

In einem Nachwort zu Kafkas ›Brief an den Vater‹ schreibt Joachim Unseld am Ende: »Die Anklage ist verwandelt in die Klage, in das Flehen dessen, der auf der Suche nach der Liebe des wirklichen Vaters schon alt geworden ist, zu alt, wie er weiß« – und hier möchte ich ergänzen, wenn der Autor und Freund es erlaubt: In das Flehen dessen, der auf der Suche nach dem eigenen Körper, nach dem nicht Totsein, schon alt geworden ist, zu alt, wie er weiß – so alt, daß er sich ganz dem Schreiben beugte, dem Schmerz eine Welt gab.

Alle abschließenden Thesen, die Sie jetzt, nach diesem zum Anfang hin geschlagenen Bogen, vielleicht erwarten, erspare ich mir, ganz auf die letzte Veranstaltung setzend, auf den nicht aufgebenden Ansager einer Stripteasenummer – daß sich da spätestens zeigt, was ich meine. Allerdings gebe ich für heute ebenfalls noch nicht auf, zumal sich, wie schon vorige Woche, der Abend nicht mit einem Gedicht beschließen läßt, denn ich hatte ja, wie gesagt, nur zwei brauchbare. Lassen Sie mich also noch etwas bei Kafka bleiben – bei Kafka, und dem, was mir als antipodisch zu ihm erscheint.

Als genauen Gegenpol zu sich erfand Kafka in seiner Erzählung vom Hungerkünstler, wie wir gehört haben, den Panther, und würde Kafka heute noch leben, so sähe er solche Gegenpole überall in der Wirklichkeit; er sähe sie in den heutigen Tennis- oder Filmstars, die ihre eigene Legende verkörpern; er sähe einen solchen Gegenpol aber unter Umständen auch im Mythos Hemingway, dessen Legenden um den eigenen Körper sogar im doppelten Sinne wahr sind: Er hat die Arbeit des Soldaten, beschossen zu werden, geleistet, was ja im allgemeinen heißt, den Körper so klein wie möglich zu machen, und sich danach durch die Arbeit des Intellektuellen in einer Weise aufgerichtet, von der Kafka nur träumen konnte, bis dann der Körper von selbst kleiner wurde und klein blieb, so klein und zu Lebzeiten tot, daß Hemingway ihn vernichten mußte.

Heute lächeln oder spotten wir über den Männlichkeitswahn dieses Autors, während Kafkas Idiosynkrasie eher unser Mitleid erweckt, jenes Mitleid, das wir auch für Nietzsche empfinden, dessen ganzes Werk, wie wir inzwischen wissen, sich als Verschleierung einer unausgelebten Körperlichkeit lesen läßt, als unvollkommene, mißglückte Legende um den eigenen Körper trotz Nietzsches Imperativ, daß jede des Aufhebens würdige Erfahrung »am Leitfaden des Leibes« zu machen sei. Ich warne aber vor diesem Lächeln und auch vor dem Mitleid sowie dem mitleidigen Lächeln; wer die Körperdurchdrungenheit, in ihren unterschiedlichsten Äußerungsformen, in Werken von Nietzsche, Kafka, Hemingway, aber auch in zeitgenössischen wie denen Josef Winklers und Hervé Guiberts, bedauernswert oder schlicht übertrieben findet, der dürfte über alle in sich abgeschlossenen Legenden um den eigenen Körper ebenfalls die Achseln zucken, über Bücher, in denen der Körper restlos aufgelöst scheint, denken Sie an das späte Werk Thomas Bernhards, denken Sie an Marlen Haushofers Romane; ja, der zuckt wohl schon generell über Literatur die Achseln.

Und dieses Achselzucken, es macht, meiner Beobachtung nach, Schule. Wir sehen das an der Gestaltung von Buchhandlungen, zielt sie doch immer mehr darauf, das

literarische Buch und demnächst, vielleicht, das Buch
überhaupt als Sonderfall des Gesamtangebots hinzustel-
len; wir sehen es an der Gestaltung öffentlich-rechtlicher
Fernsehprogramme, wir sehen es am Repertoire unserer
der Allgemeinheit verpflichteten Bühnen – als Auskunf-
tei für zeitgemäße Formulierungen alter Fragen spielt
Gegenwartsliteratur offenbar keine Rolle.

Etwa für die Fragen: Weshalb bin ich gerade ich, hier
und jetzt lebend, in diesem Körper eingeschlossen? Wo
komme ich her, wo sollte ich hin, was soll dieses Leben?
Gibt es etwas jenseits des Narzißmus? Warum nicht nur
an sich denken, aufwachsen, Spaß haben, sterben? Aber
auch: Gibt es ein Recht auf Glück? Oder wie ist der Zufall zu bewerten, daß es uns gutgeht, und wie der Zufall,
daß es anderen, ein Leben lang, dreckig geht? Wie lebt
man ohne Gott und ohne die Idee des Kommunismus, in
jeder Hinsicht aufgeklärt? Wie kann man noch schreiben, dem Schmerz eine Welt geben? Wie führt die Selbst-
erkenntnisreise je zur Solidarität?

Auf die Väter und Großväter meines Selbsterkennt-
nisvermögens wartete am Schluß der Ruhm; schlimm-
stenfalls, wie auf Adorno, in diesem Hörsaal war's ja
wohl, bei diesem Licht, entblößte Busen. Auf ihre Nach-
kommen, unfähig, die Spirale des sich selbst Reflektie-
rens vorübergehend, zugunsten der Fiktion, anzuhalten
oder gar zu verlassen, warten Zynismus und Melancholie. Sie vermummen sich mit dem eigenen Körper, dessen
aufdringliche, sichtbare Realität und scheinbare Wahrheit dem berühmten Philosophen die Sprache verschlagen sollte, und verschlagen sich damit selbst die Sprache,
sind fit und stumm. Es ist wie beim Krieg, wenn Sie an
den Beginn des heutigen Abends denken, nur daß nicht
das eigene Land – hier, unter uns, kein Thema – zur Fik-

tion wird, sondern der eigene Körper, und die Literatur im Grunde ausgedient hat. Wen wundert es, daß keine einzige gebräuchliche Metapher auf eine Jahrhundert-erzählung wie die vom Hungerkünstler zurückgeht; wen wundert es, daß die junge deutsche Rezensentin von ›Kitsch‹ spricht, wenn Marguerite Duras in ihrem nichts als Verstehen erbittenden Text ›Écrire‹ sagt, das Schreiben mache einen zum Wilden? – Denn wäre dem anders, meine Damen und Herren, wäre Literatur in diesem Land populärer (und populäre Ansichten *über* Literatur hätten das Nachsehen).

Aber Literatur – und damit meine ich, selbstverständlich und besonders, deutschsprachige Gegenwartsliteratur – führt bei uns ein Dasein am Rande, so wie das Sterben; wir empfinden sie, auch ich oft, als antipodisch zu den Fiktionen vom eigenen Körper, vom eigenen narzißtischen nicht Totsein; und bei dieser Ferne zu einem Selbst, sicher zwar vor schmerzlicher Wahrheit, aber auch durch nichts Stützendes mehr erreichbar, schwindet der Mut zur Metapher, zum Erkennen des Verwandten, letztlich zum Lieben: nötig sowohl für die Erschaffung eines neuen ›Hungerkünstlers‹, der eben nicht zutreffend wäre, sondern treffend, als auch für jede Lektüre solcher Erzählungen, wenn sie erschüttern soll.

Ich danke.

V

Der Ansager einer Stripteasenummer gibt nicht auf

Guten Abend, meine Damen und Herren – Sie sehen hier diesen gewöhnlichen Holzstuhl, ja? (Geht Stuhl in Position rücken!) Dieser gewöhnliche Holzstuhl ist das einzige Requisit für den wohl letzten klassischen Striptease auf deutschsprachigem Boden – den man, sozusagen, sich nicht genieren muß. Uns alle erwartet eine Person, die es weder nötig hat, das Datum ihrer Geburt noch den eigenen Namen zu ändern, die Sie getrost so

nennen können, wie ihr Taufschein es vorsieht, nämlich Andrea, wobei ich mir, als ständiger Begleiter, auch erlaube, Andreas zu sagen.

Andreas!

Andreas Nummer dient einzig und allein Ihrem Vergnügen, während ich einzig und allein der Verbreitung von Andreas Ruhm diene: Diener einer Dienerin, wie es Andreas Mutter gern ausdrückt, früher selbst in dem Beruf, eine der Großen des klassischen Striptease, Erfinderin der nackten Pietà und anderer Figuren, jetzt im Privatleben.

I

Guten Abend, meine Damen und Herren, Sie sehen hier diesen gewöhnlichen Holzstuhl, ja? Dieser gewöhnliche Holzstuhl ist das einzige Requisit für den wohl letzten klassischen Striptease auf deutschem Boden, den anzusagen man sich nicht genieren muß; uns alle erwartet eine Person, die es weder nötig hat, das Datum ihrer Geburt, noch den eigenen Namen zu ändern, die Sie getrost so nennen können, wie ihr Taufschein es vorsieht, nämlich Andrea, wobei ich mir, als ständiger Begleiter, auch erlaube, Andreas zu sagen.

Andreas Nummer dient einzig und allein Ihrem Vergnügen, während ich einzig und allein der Verbreitung von Andreas Ruhm diene: Diener einer Dienerin, wie es Andreas Mutter gern ausdrückt, früher selbst in dem Beruf, eine der Großen des klassischen Striptease, Erfinderin der nackten Pietà und anderer Figuren, jetzt im Privatleben.

Die erste Seite der Buchausgabe von ›Der Ansager einer Stripteasenummer gibt nicht auf‹, Frankfurt a. M. 1994

Links: Was nur der Autor sieht

Was nur das Publikum sieht:
Theater am Turm, 14. Februar 1995

Das Foto auf S. 139 stammt von Karsten Thielke. Claus Gretter ist der Fotograf der Bilder auf den Seiten 52, 100 und 177.

Zeittafel

1948	geboren in Hamburg am 6. Juli
1952	Geburt der Schwester
1955	Umzug der Eltern in den Schwarzwald
1959	Scheidung der Eltern
1959-1968	Internat am Bodensee; erstes Schreiben
1968-1970	Militärdienst; aus dem Schreiben wird Malen
1970-1971	USA-Aufenthalte; Rückkehr zum Wort
1972-1979	Studium der Pädagogik an der Johann Wolfgang Goethe-Universität, Frankfurt; Promotion
1979	Das Kind oder die Vernichtung von Neuseeland; Schauspiel
	Ohne Eifer, ohne Zorn; Novelle
1980	Body-Building; Erzählung, Schauspiel, Essay
1981	Die Einsamkeit der Haut; Erzählungen
	Wer sich liebt; Schauspiel
1982	An den Rand der Erschöpfung, weiter; Monolog
1982-1983	Reisen nach Afrika, Asien und Südamerika; Reportagen für die Zeitschrift ›Transatlantik‹
1983	Zwiefalten; Roman
1983-1984	Reisen nach USA und Mittelamerika
1984	Mexikanische Novelle
1985	Dame und Schwein; Geschichten
	Glücklich ist, wer vergißt; Schauspiel/Hörspiel
1986-1988	Reisen auf die Philippinen, Zeuge des Bürgerkriegs und der Revolution; Vorarbeiten zu Infanta
1988	Geburt eines Sohnes
1988	Ferne Frauen; Erzählungen
	Die verdammte Marie; Schauspiel
1989-1990	Villa Massimo-Stipendium

1990	Infanta; Roman
1991	Reisen nach den USA und Nordafrika
1992	Tod des Vaters
1992	Der Sandmann; Roman
1993	Geburt einer Tochter
1993	Gegen die Laufrichtung; Novelle
1993	Reise nach Australien und Somalia
1994	Herrenmenschlichkeit; ein Tagebuch
	Der Ansager einer Stripteasenummer gibt nicht auf; Monolog
1995	Frankfurter Poetik-Vorlesung

Frankfurter Poetikvorlesungen
Die Dozenten

WS	1959/60	Ingeborg Bachmann
SS	1960	Marie Luise Kaschnitz
WS	1960/61	Karl Krolow
SS	1963	Helmut Heißenbüttel
SS	1964	Heinrich Böll
WS	1964/65	Hans Magnus Enzensberger
WS	1966/67	Reinhard Baumgart
SS	1967	Wolfgang Hildesheimer
WS	1967/68	Hans Erich Nossack
SS	1979	Uwe Johnson
WS	1979/80	Adolf Muschg
SS	1980	Peter Rühmkorf
WS	1980/81	Martin Walser
SS	1981	Günter Kunert
WS	1981/82	Peter Bichsel
SS	1982	Christa Wolf
WS	1982/83	Wolfgang Koeppen
WS	1983/84	Peter Härtling
SS	1984	Paul Nizon
WS	1984/85	Ernst Jandl
WS	1984	Friedrich Dürrenmatt
WS	1985/86	Hermann Burger
SS	1986	Hermann Lenz
WS	1986/87	Hans Mayer
SS	1987	Ludwig Harig
WS	1987/88	Hilde Domin
SS	1988	Peter Sloterdijk
WS	1988/89	Christoph Meckel

SS	1989	Jurek Becker
WS	1989/90	Günter Grass
SS	1990	Hans Christoph Buch
WS	1990/91	Karl Dedecius
SS	1992	Walter Jens
WS	1992/93	Dieter Kühn
SS	1993	Klaus Hensel, Franz Hodjak, Richard Wagner, Werner Söllner
WS	1993/94	Oskar Pastior
WS	1994/95	Bodo Kirchhoff

WS = Wintersemester
SS = Sommersemester

edition suhrkamp
Eine Auswahl

edition suhrkamp
Eine Auswahl

edition suhrkamp
Eine Auswahl

316/4/6.93

edition suhrkamp
Eine Auswahl

edition suhrkamp
Eine Auswahl

edition suhrkamp
Eine Auswahl

edition suhrkamp
Eine Auswahl

edition suhrkamp
Eine Auswahl